POLYGLOTT on tour

Dänemark

Der Autor

Lennart Hansson

studierte Publizistik, Volkskunde und Skandinavistik in Münster und Kopenhagen. Heute ist er als freier Journalist, Buchautor und Lektor tätig. Den Schwerpunkt seiner Arbeit bildet das Thema »Reisen im Norden«, und Dänemark besucht er immer wieder regelmäßig.

Reiseplanung

Land & Leute

Unterwegs in Dänemark

Kultureller Anziehungspunkt der Insel ist H. C. Andersens Geburtsstadt Odense. Während der Norden eher unentdeckt ist, kann man in Richtung Süden auf Schlösserreise gehen oder einen Abstecher zu einer der vielen kleinen Inseln machen.

Die Westküste ist Jütlands dramatische Seite. Schöne Steilküsten, beeindruckende Wanderdünen, lange Sandstrände und eine bewegte Nordsee machen sie zu einem Paradies für Wassersportler, Badeurlauber und Spaziergänger. Die Ostseeküste ist eher still. Mit Aalborg und Århus, sehenswerten Museen oder Legoland bleibt Jütlands Osten auch bei schlechtem Wetter attraktiv.

Bornholm

Die Insel liegt zwar weit entfernt vom dänischen Kernland. Doch mit hübschen Örtchen, schönen Küsten und alten Rundkirchen findet man hier ein idealtypisches Bild dänischer Gemütlichkeit.

Infos von A–Z

Echt gut!

Karten

Reiseplanung

Die Reiseregion im Überblick][Die schönsten Touren][Klima und Reisezeit][Anreise][Reisen im Land][Sport und Aktivitäten][Unterkunft

Die Reiseregion im Überblick

Die Strände scheinen unendlich und sind an manchen Stellen viele hundert Meter breit. Ein mächtiger Dünengürtel trennt sie vom Hinterland. Dort ducken sich im Windschatten der Sandberge Sommerhäuser und liebevoll gepflegte Strandhöfe aus alten Zeiten. Das ist das Dänemark, das die meisten Besucher erleben, denn die Nordseeküste Jütlands ist mit Abstand das beliebteste Urlaubsziel im Lande.

Dänemark bietet aber noch viel mehr: über 400 Inseln, knapp 100 davon sind bewohnt. Fast wäre Dänemark ein reiner Inselstaat, hinge nicht Jütland mit 67 km Landgrenze am Norden Deutschlands. Immerhin ist kein Flecken Land weiter als 52 km vom Meer entfernt.

Auch das Land zwischen den Meeren ist vielfältiger als geografische Maxima erahnen lassen. Die letzte Eiszeit hat die unzähligen Hügel modelliert. Darauf breiten sich Wälder und Heideflächen aus. Meist aber hat der Mensch das Landschaftsbild geprägt: Zwischen Weiden und Äckern tifft man auf einzelne Höfe oder kleine Dörfer. Die meisten Kleinstädte verbinden erfolgreich den Charme alter Fachwerkbauten mit den Bedürfnissen der heutigen Gesellschaft. Viele geben der Moderne in der Architektur und der Kunst auf Straßen, Plätzen und in Museen Entfaltungsraum. Die wenigen Großstädte und die alles überstrahlende Metropole **Kopenhagen** wetteifern mit ihren hervorragenden Museen ebenso wie mit Kulturangeboten traditioneller und moderner Art – jeder findet etwas für seinen Geschmack.

Kopenhagens Nyhavn ist eine beliebte Kneipenmeile.

****Kopenhagen** ist die Hauptstadt Dänemarks und mit ca. 600 000 Einwohnern auch die größte Stadt des Landes. In ihrem Einzugsgebiet leben weitere 1,1 Mio. Menschen. Trotzdem ist Kopenhagen eine kleine Hauptstadt, eine Weltstadt zwar, aber eine ohne Hektik. Allein in der Innenstadt gibt es mehrere Dutzend Museen, manche davon, wie die **Ny Carlsberg Glyptothek, genießen zu Recht Weltruhm. Auch die Theater- und Musikszene hat internationales Niveau und als Jazzhauptstadt Europas ist Kopenhagen schon lange bekannt.

Kopenhagen ist eine Stadt am Wasser. Egal, wo man wohnt, man ist immer in der Nähe der Ostsee. Das Meer spielt im Leben der Einwohner eine große Rolle. Den Sommer verbringt man entweder am Strand oder man genießt die Sonne in einem der zahlreichen Straßencafés. Und: Hier lebt man gerne. Kopenhagen steht nicht nur in der Gunst seiner Bewohner ganz oben, sondern schafft es bei Städte-Rankings regelmäßig auf die vorderen Plätze: 2008 hat das britische Magazin Monocle Kopenhagen zu der Stadt weltweit gekürt, in der es sich am besten leben lässt.

Seeland ist Dänemarks größte Insel, auf der auch Kopenhagen liegt. Das am dichtesten besiedelte Gebiet des Landes ist zugleich eines seiner vielfältigsten. Viele Urlaubsgebiete harren hier noch der Entdeckung, allen voran **Nordseeland** mit herrlichen Sandstränden, Dünen, Küstenwäldern, Schlössern und Museen sowie mit der Hauptstadt gleich um die Ecke – ein ideales Ziel für alle, die einen geruhsamen Ferienhausurlaub am Meer mit Ausflügen in eine weltoffene Großstadt kombinieren möchten. Nur eine Brücke trennt **Lolland** von Seeland, das sehr seiner größeren Schwester ähnelt. Die kleine ****Insel Møn** ist wegen der Kreidefelsen bekannt und lohnt auf dem Weg Richtung Kopenhagen auf jeden Fall einen Abstecher.

Fünen, »der Garten Dänemarks«, besitzt bestes Ackerland, ein Garant für den Wohlstand der Inselbewohner. Von all ihren Hinterlassenschaften sind die Schlösser und Herrensitze die schönsten, vom romanischen Königsschloss **Nyborg bis Gut Holstenshus bei Faaborg, das 1910 in historistischem Schick entstand. Der reine Transit über Fünen ist auf der Autobahn E 20 in 45 Min. zu bewältigen. Doch es wäre schade, nicht rechts und links zu schauen oder die Inselhauptstadt **Odense auszulassen; darum lieber die parallel verlaufenden Straßen nutzen und mehr Zeit einplanen.

Jütland ist die Hauptferienregion für deutsche Touristen – die ewig langen Sandstrände und die dahinter liegenden, oft in den Dünen versteckten Ferienhäuser sind die Ziele der Besucher. Diese sind nicht nur im Sommer sehr beliebt, sondern auch in der Zeit zwischen Weihnachten und Silvester. Doch Jütland hat auch sehenswerte Städte zu bieten. Kleinere, wie **Ribe, die älteste Stadt des Landes, und größere wie **Århus und Aalborg. Praktisch auch: In Jütland kann man wählen, in welchem Meer man baden will, an der Westküste in der raueren Nordsee oder im Osten in der Ostsee. Hier fühlen sich vor allem Familien mit Kindern wohl. Und dann ist da noch ****Bornholm**. Die Insel weit im Osten des Landes – näher an Schweden als am Mutterland gelegen – hat ihren ganz eigenen Charakter. Bekannt für ihre Rundkirchen ist die Insel vor allem bei Radfahrern und Badeurlaubern beliebt. Und das aus gutem Grund: Nirgends in Dänemark scheint die Sonne so lange wie hier und nirgends im Land ist es so warm wie auf Bornholm.

Die schönsten Touren

Zwei Wochen durch Jütland

—①— Tønder › Ribe › Esbjerg › Thisted › Skagen › Aalborg › Århus › Silkeborg › Velje › Kolding › Haderslev › Kruså

Distanzen:

Tønder › Ribe › Esbjerg 75 km über Landstraße; **Esbjerg › Thisted** 200 km entlang der Küste in 4 Std.; **Thisted › Hirtshals › Skagen** 175 km auf Landstraßen in 2,5 Std.; **Skagen › Frederikshavn › Aalborg** 100 km in 1,5 Std.; **Aalborg › Randers › Århus** 120 km auf der Autobahn; **Århus › Silkeborg › Horsens Vejle** 110 km in gut 1,5 Std.; **Velje › Kolding › Haderslev › Kruså › deutsche Grenze** 120 km in 2 Std. über schöne Landstraßen oder 1 Std. auf der Autobahn

Verkehrsmittel:

Auf den gut ausgebauten Straßen Jütlands ist das Auto das Verkehrsmittel der Wahl. Außerhalb der Städte fließt der Verkehr meist ruhig dahin. Allerdings: Da die Überlandstraßen oft mitten durch die Dörfer und Städte führen, erreicht man keine hohen Durchschnittsgeschwindigkeiten. Und: Am Samstag, wenn in allen Ferienhäusern Jütlands Wechseltag ist, sind die Straßen in der Urlaubszeit voller deutscher Touristenautos. Wer kein Ferienhaus gemietet hat, sollte deswegen evtl. auf einen anderen Anreisetag ausweichen.

Diese Tour folgt Dänemarks Nordseeküste von der Grenze zu Deutschland bis zur Landzunge Grenen bei ****Skagen** › S. 111. Gleich zum Einstieg laden zwei schöne Städte, das beschauliche **Tønder** › S. 98 und das mittelalterliche **Ribe** › S. 100, zum Verweilen ein, viele lebhaftere

Karte
Umschlag
hinten

Naturschauspiel in Nordjütland: Die Wanderdüne Råbjerg Mile

Hafenorte wie **Hvide Sande** › S. 103, **Thyborøn** › S. 107 oder **Hirtshals** › S. 110 folgen. Dazwischen führt die Tour über eindrucksvolle Dünennehrungen am Ringkøbing und Nissum Fjord, an imposanten Steilküsten wie Bovbjerg Klint, Bulbjerg und **Rubjerg Knude vorbei und zur gewaltigen Wanderdüne ****Råbjerg Mile** › S. 110. Die Küstennatur steht sicher im Vordergrund, aber Kultur und Geschichte kommen nicht zu kurz: Höhepunkte sind der **Dom von Ribe, das Strandungsmuseum in **Torsminde** › S. 104 und das Skagen Museum mit den Hauptwerken der berühmten Skagen-Maler.

Von Skagen geht es an der Ostseeküste mit ihren kinderfreundlichen Stränden zurück zur deutsch-dänischen Grenze nach **Kruså** › S. 112 bei Flensburg – inklusive mehrerer Abstecher auf Nebenstraßen. Malerische lange Fjorde und sanfte Meeresbuchten reichen von der Ostsee ins Land hinein. An ihnen liegen interessante Städte wie **Aalborg** › S. 128, ****Århus** › S. 119, **Horsens** › S. 117, **Kolding** › S. 114 oder **Haderslev** › S. 113 mit einem ausgezeichneten, vielseitigen Kulturangebot. Als Ausflugsziele, aber ebenso gut als Destinationen für einen längeren Urlaub locken die Inseln ****Læsø** › S. 132 und ****Samsø** › S. 117.

Kopenhagen und Seeland in einer Woche

2 Kopenhagen › Helsingør › Kalundborg › Naestved › Køge › Roskilde › Kopenhagen

Distanzen:
Kopenhagen › Helsingør 50 km auf schöner Küstenstraße; **Helsingør › Gilleleje › Hundested** 60 km Landstraße in 1,5 Std.; **Hundsted › Rørvig** 0,5 Std. mit der Autofähre; **Rørvig › Kalundborg** 60 km Fahrt über Land in 1 Std.; **Kalundborg › Slagelse › Naestved** 70 km Landstraße in 1 Std.; **Naestved › Store Heddinge › Køge** 75 km in 1,5 Std. auf kleinen Straßen; **Køge › Roskilde › Kopenhagen** ca. 45 Min.

Verkehrsmittel:
Auch auf Seeland ist man mit dem Auto am flexibelsten. Zwischen Hundsted und Rørvig überquert man den Isefjord mit der Autofähre; diese verkehrt zwischen 6 Uhr und 21 Uhr im Stundentakt. Neben dem Auto bieten sich für die Tour auch öffentliche Verkehrsmittel an. Die meisten Orte lassen sich mit dem Zug leicht erreichen und auch die Busverbindungen sind ausgezeichnet.

Diese Rundfahrt führt von **Kopenhagen zunächst die Küste entlang nach Norden in Richtung **Helsingør – an Kilometern eine kurze Fahrtstrecke, doch sie bietet so viel, dass man hier mehr als einen Tag unterwegs sein kann. Danmarks Akvarium in Charlottenlund, der **Freizeitpark Bakken** › S. 61, das **Karen Blixen Museum** in Rungstedlund › S. 62 sowie das **Kunstmuseum Louisiana** › S. 62 sind nur einige Sehenswürdigkeiten, die auf dem Weg nach **Helsingør** › S. 63 einen Besuch lohnen. Dort angekommen ist vor allem das ***Hamletschloss Kronborg sehenswert. Aber auch die historische Altstadt und einige der Museen gehören mit zum Besten, was Dänemark zu bieten hat. Und auch nach der Überquerung des Isefjords kommt keine Langeweile auf. Dafür sorgen **Kalundborg** › S. 66 und die Vor Frue Kirke, **Næstved** › S. 69 mit seinen alten Stadthäusern oder **Køges Altstadt** › S. 71. Vor allem aber **Roskilde** › S. 66 lohnt einen längeren Aufenthalt. Das **Wikingerschiffsmuseum und der ***Dom zählen zu den größten Sehenswürdigkeiten des Landes. Letzterer dient seit Anfang des 15. Jhs. als Grablege der dänischen Könige und steht auf der Weltkulturerbeliste der UNESCO. Und dann ist da ja noch die Hauptstadt **Kopenhagen** › S. 40, die einen mehrtägigen Aufenthalt ohnehin rechtfertigt.

Karte Umschlag hinten

Shakespeares Hamlet spielt auf Schloss Kronborg in Helsingør

Quer durch Dänemark auf den Spuren von H. C. Andersen

3 Odense › Korsør › Slagelse › Helsingør › Kopenhagen

Distanzen:
Odense › Slagelse 45 Min. auf der Autobahn; **Korsør › Slagelse** 10 Min.; **Slagelse › Helsingør** in 2 Std. über 140 km Landstraße; **Helsingør › Kopenhagen** 1 Std. Landstraße

Verkehrsmittel:
Wer sich bei dieser Tour auf den Besuch der Städte beschränken will, in denen die H. C. Andersen gelebt hat, kann die Fahrt gut mit dem Zug durchführen. Dann sollte man die Fahrstrecke allerdings etwas verändern und Kopenhagen vor Helsingør besuchen.

Diese Tour bringt Fans des besonders für seine Märchen berühmten Dichters Hans Christian Andersen zu den wichtigsten Orten seines Wirkens. In ****Odense** › S. 78 kann man nicht nur sein Geburtshaus besichtigen, sondern auch den Ort, in dem er seine Jugend verbracht hat. Von hier führt die Route nach Seeland. Echte Andersen-Fans legen in **Korsør** › S. 68 einen Zwischenstopp ein. Im ehemaligen Hotel Store-

Andersen-Statue in Kopenhagen

bælt (Amerikakajen 1) war der Dichter oft zu Gast. Einmal schrieb er sogar ein Gedicht auf die Rückseite einer Rechnung. Heute erinnert ein Schild am Haus an ihn. In **Slagelse** › S. 68 besuchte er zunächst 1822–26 die Schule, bevor er für die nächsten zwei Jahre auf die Lateinschule nach ****Helsingør** › S. 63 wechselte. Das einstige Schulgebäude ist in der Kongensgade 12 zu finden. Die Reise endet in ****Kopenhagen** › S. 40. Hier verbrachte Andersen einen Großteil seines Lebens, woran verschiedene Wohnorte, aber auch die Statue vor dem Rathaus erinnern. Eine seiner populärsten Märchenfiguren, die kleine Meerjungfrau, wurde sogar zum Wahrzeichen der Stadt. Der 1875 verstorbene Dichter liegt auf dem Assistens Kirkegård begraben.

Touren in den Regionen

Touren	Region	Dauer	Seite
Vom Bahnhof nach Christianshavn	Kopenhagen	5 Std.	42
Vom Rathausplatz zur kleinen Meerjungfrau	Kopenhagen	4 Std.	47
Vom Rathausplatz zur Østre Anlæg	Kopenhagen	3 Std.	51
Durch die westlichen Viertel	Kopenhagen	4 Std.	53
Rundfahrt im Norden Seelands	Seeland und Lolland	2–3 Tage	59
Durch Lolland, Falster und Møn	Seeland und Lolland	1–2 Tage	59
Südfünen für Schlösserfans	Fünen	2–3 Tage	76
Inseln und Fjorde	Jütland	3–5 Tage	91
Beachhopping im Norden	Jütland	1–3 Tage	93
Durch Mitteljütland	Jütland	1–2 Tage	94
Zu den besten Kunstmuseen	Jütland	3–7 Tage	95
Rund um Bornholm	Bornholm	1 Tag	135

Klima und Reisezeit

Dänemark liegt in einer Zone gemäßigten Meeresklimas mit Temperaturen, die sich nicht rasch verändern. Schnell und häufig wechselnde Wetterlagen sind die Regel, Perioden mit konstantem Wetter die Ausnahme. Wind ist typisch für alle Landesteile. Trotz geringer Gipfelhöhen gibt es unterschiedliche Niederschlagsmengen: Im Westen regnet es mäßig, in Zentraldänemark viel, im Osten wenig. Bestes Beispiel dafür ist die Ostseeinsel Bornholm, die mit dänischen Rekordwerten für die Anzahl der Sonnenscheinstunden wie auch bei den Höchsttemperaturen aufwarten kann.

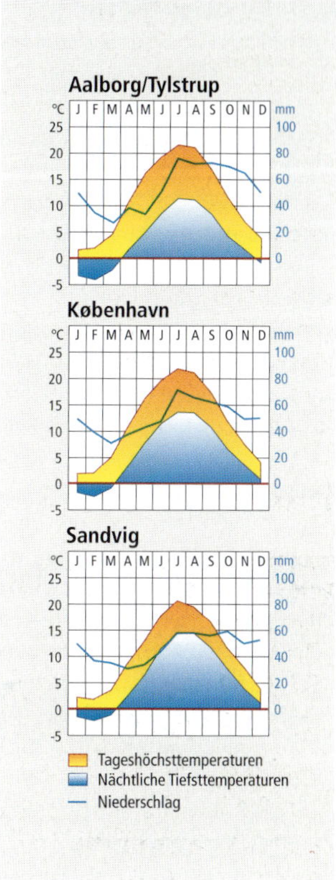

Die aktuelle Wettervorhersage für Dänemark des Deutschen Wetterdienstes kann man unter Tel. 01 90/11 60 00 (0,62 €/Min.) abhören. Kostenlose Wetterinfos gibt es im Internet u. a. beim Dänischen Meteorologischen Institut (www.dmi.dk).

Wann die beste Reisezeit ist, hängt sehr von den Interessen des Einzelnen ab. Wer Badeurlaub in Jütland machen will, ist natürlich auf die Sommermonate beschränkt. Die meisten Ferienhäuser werden inzwischen aber ganzjährig vermietet und auch ein langer Strandspaziergang mit hochgeschlagenem Mantelkragen im November hat seinen Reiz. Das wunderbare Winterlicht und gemütliche Abende in der Sauna oder vor dem Kamin machen die Ferienhäuser außerdem zu einem beliebten Ziel über Weihnachten und Silvester; in diesem Zeitraum gelten die gleichen Höchstpreise wie während der Badesaison. Kopenhagen ist inzwischen ohnehin ein Ganzjahresreiseziel. In der Nebensaison hat man hier zudem den Vorteil, die Stadt ohne Touristenmassen genießen zu können.

Anreise

Brücke oder Schiff

Bei einem Urlaub auf Seeland oder in Kopenhagen spart man auf dem Weg übers Wasser eine Menge Zeit und Nerven. Fähren von Scandlines verkehren zwischen Rostock und Gedser (Überfahrtszeit: 105 Min., Preis: 85–120 Euro/Auto inkl. Insassen) sowie von Puttgarden nach Rødby (45 Min., 55–75 Euro, www.scandlines.de). Von beiden Fährhäfen sind es weitere zwei Stunden Autofahrt bis Kopenhagen. Ein Umweg über die Brücke am Großen Belt lohnt wegen der Gebühren kaum (29 Euro pro Strecke und Pkw, Anhänger oder Wohnmobile: 44 Euro, www.storebaelt.dk).

Vom schwedischen Trelleborg erreicht man Kopenhagen nach ca. 1 Std. Fahrt über Malmö und die Öresundbrücke (Brücken-Maut: 36 Euro). Scanlines steuert Trelleborg über Rostock (ca. 110 Euro) oder Saßnitz an. TT-Line (www.ttline.com) fährt ab Rostock und Travemünde.

Bahn

Täglich verkehren über die Vogelfluglinie (Puttgarden/Rødby) sowie über die Große-Belt-Verbindung mehrere Züge in Richtung Kopenhagen. Der DB-Nachtzug (www.nachtzugreise.de) fährt täglich (außer 24.12., 31.12.) aus dem Rhein-Ruhr-Gebiet sowie ab München, Fulda oder Basel nach Kopenhagen. Auch der normale DB-Autozug (www.autozug.de) nach Hamburg oder dem grenznahen Niebüll nimmt Reisenden aus dem Süden ein gutes Stück Weg ab. Für Reisende mit Zielen in Westjütland interessant: Alle zwei Stunden fahren Regionalzüge von Niebüll (mit IC-Anschluss aus Hamburg) ins dänische Tønder, wo Anschluss Richtung Esbjerg besteht. Echt gut! Ein weiterer **Nachtzug-Anbieter** (www.berlin-night-express.com) fährt von Berlin nach Malmö. Von dort erreicht man Kopenhagen bequem mit dem Lokalzug. Tickets erhält man auch an DB-Schaltern (Liegewagen: 88 Euro).

Bus

Internationale Buslinien verkehren zwischen Deutschland, Österreich und Dänemark. Für ca. 40 Euro kommt man beispielsweise mit Berlin Linien Bus von Berlin nach Kopenhagen (www.berlinlinienbus.de).

Flugzeug

Kopenhagen erreicht man von vielen Großstädten direkt mit großen Linien wie SAS, Lufthansa, Austrian Airlines oder AirBerlin. Der Flughafen liegt auf der Insel Amager zwischen Kopenhagen und Malmö, ist von beiden Städten leicht mit dem Zug zu erreichen. Nach Billund auf Jütland oder Bornholm fliegen z.B. die Lufthansa oder Cimber Air (www.cimber.dk); letztere verkehrt auch ab Basel. Die Airline Sterling (www.sterling.dk) könnte interessant sein, weil sie u.a. kleinere Flughäfen wie Genf oder Salzburg mit im Programm hat.

Da sich speziell bei den Billigfliegern die Routen häufig ändern, sollte man sich vor der Reiseplanung auf der Homepage von VisitDenmark über die aktuellen Verbindungen informieren: www.visitdenmark.com

Reisen im Land

Das dänische **Straßennetz** ist sehr dicht, Zustand und Verkehrsregeln entsprechen weitgehend mitteleuropäischem Standard. Tankstellen findet man reichlich, unverbleite (blyfri) Kraftstoffe sowie Diesel gibt es überall. Pannenhilfe bietet die private Hilfs- und Rettungsorganisation Falck (Weiterleitung zur nächstgelegenen Station unter Tel. 70 10 20 30), die auch mit Automobilclubs wie dem ADAC (deutschsprachiges Notruf-Tel. 79 42 42 85) kooperieren.

!! Bei **Unfällen**, die ausländische Beteiligte (mit-)verschuldet haben, sollte Dansk Forening for international Motorkøretojsforsikring (Dänischer Verband für internationale Kfz-Versicherer) benachrichtigt werden (Tel. 33 43 55 00, København, Amaliegade 10).

Die **Züge** verkehren häufig und sind gut auf weiterführende Bahnen, Busse und Fähren abgestimmt. Zentraler Knotenpunkt ist das zwischen Jütland und Fünen gelegene Fredericia, das man täglich im 2-Stunden-Takt vom Grenzbahnhof Padborg erreicht. Die Preise richten sich nach einem Zonensystem, das in der Regel alle Verkehrsmittel einschließt. Jugendliche (bis 16 J.) sowie Rentner (ab 65 J.) bekommen Rabatte, ansonsten gibt es so genannte Billigtage (Di–Do, Sa; keine Feiertage).

In Dänemark fahren preiswerte **Fernbusse** zwischen allen Landesteilen. Der gut funktionierende Regionalbusverkehr wird in großräumigen Tarifgemeinschaften abgewickelt. Hier gibt es günstige Mehrfachkarten oder auch spezielle Touristentickets. Fahrplanauskünfte für Busse und Bahnen: www.rejseplanen.dk

Special

Unterwegs mit Kindern

Familien willkommen

Dänemark ist ein familienfreundliches Reiseland: Kinderermäßigungen werden fast überall geboten, der Eingang in die Geschäfte ist auch mit dem Kinderwagen problemlos möglich und Wickeltische findet man auf nahezu jeder öffentlichen Toilette. Ferienhausurlaub ist ohnehin perfekt für Kinder: Der Urlaub beginnt direkt vor der Tür. Durch den endlosen Sand zu rennen, zu baden oder Drachen steigen zu lassen, so macht man Kinderherzen glücklich.

Damit aber auch die Eltern einmal entspannen können, hat man landesweit zwölf **Treffpunkte** eingerichtet: In den wichtigsten Urlaubsorten wird während der Sommerwochen ein umfangreiches, (auch) deutschsprachiges Aktionsprogramm für kleine Urlauber angeboten. Vom Ausflug über das Fußballturnier bis zur Schatzsuche ist hier jeden Tag etwas los. »Treffpunkte« gibt es in Rømø-Tønder, Henne, Ringkøbing Fjord, Vedersø Klit, Thy, Lemvig-Thyborøn, Blokhus, Odder, Fredericia, Haderslev, Sønderborg und Odsherred. Weitere Infos: www.treffpunkt.dk

Sommerlandparks

Natürlich gehören auch die Freizeitparks für Kinder zu den Höhepunkten eines Urlaubs. Das Kreischen hört man lange, bevor man sie sieht: Menschen, die sich an den Rändern eines ausgehöhlten Holzstammes festkrallen, der über einen Wasserfall in einen See hinabschießt. Splassshhhhhh! Die im Stamm werden etwas nass, die allzu Neugierigen am Ufer auch. Das typische Sommerland, so heißen in Dänemark die Vergnügungsparks für Kinder, will seinen Besuchern gute Laune bereiten. Die Vielfalt der Attraktionen – vom Streichelzoo über Karussells und Kletterburgen bis zu Achterbahnen und Go-Cart-Rennen – garantiert Glückszustände bei fast allen Altersgruppen.

Erwachsene zahlen in großen Parks ca. 100–160 DKK, Kinder 85–130 DKK, in kleineren etwa die Hälfte. Einige kassieren Einheitspreise für alle von 5 bis 66 Jahre, die ganz Kleinen dürfen umsonst hinein, Senioren bekommen Rabatt. Manchmal wird auch gemessen: bis 90 cm gratis, darüber voller Eintritt.

Picknick-Pakete darf man über all mitbringen, zum Teil findet man sogar einen kostenlosen Grill. Ansonsten gibt es in jedem Sommerland Imbissstuben oder preiswerte Familienrestaurants.

Ein typisches Sommerland öffnet in der ersten Maihälfte und schließt vor Mitte September. Zu Anfang und Ende der Saison hat es nur an Wochenenden geöffnet, von Mitte Juni bis Mitte August aber täglich und zwar ab 10 und dann je nach Saison bis 18, 19 oder 20 Uhr. Genaue Daten und Zeiten erfahren Sie aus Touristenzeitungen und Regionalbroschüren oder bei den Info-Büros.

■ **Sommerland Sjælland**
Gl. Nykøbingvej 169, Nr. Asmindrup
Tel. 59 31 21 00
www.sommerlandsj.dk
Großes Gelände mit traditionellen Attraktionen. Das Spaßbad hält mit seiner 400 m-Highspeed-Rutsche auch Jugendliche in Atem.

■ **Danfoss Universe**
Mads Patent Vej 1, Nordborg
www.danfossuniverse.com
Ein Favorit bei den etwas Größeren: Im Wissenschaftspark kann man selber Experimente durchführen. Außerdem: Dänemarks erste permanente Schlittschuhbahn ohne Eis. Sie besteht aus umweltfreundlichem Kunststoff und einem Gleitmittel auf Wasserbasis.

■ **Rømø Spiel- und Pferdeland**
Borrebjergvej, Rømø
Tel. 74 75 51 22
Kleines Sommerland eher für jüngere Kinder mit Streichelzoo und einem Indoor-Spaßbad mit schnellen Rutschen. Saison bis Ende Okt.

■ **Fårup Aquapark og Sommerland**
Pirupvejen 147, Blokhus
Tel. 98 88 16 00
www.faarupsommerland.dk
Vorbild aller Sommerland-Parks; gut 50 Attraktionen für jedes Alter; gigantischer Rafting-Fluss; großes Spaßbad.

■ **Djurs Sommerland**
Randersvej 17, Nimtofte
Tel. 86 39 84 00
www.djurssommerland.dk
Attraktionen für alle Altersstufen; Waghalsige können sich seit neuestem im Wildwest-Karussell durch die Luft wirbeln lassen, etwas ruhiger geht es bei einem Ritt mit dem Pony Express zu.

Sport und Aktivitäten

Wandern und Fahrradfahren

Vorschläge für Wanderungen macht das staatliche Forst- und Naturschutzamt auf rund 100 Faltblättern. Die Broschüren sind in den lokalen Informationsbüros erhältlich. Zunehmend werden auch Langstreckenwanderwege eingerichtet, beispielsweise Küstenwege in verschiedenen Teilen Jütlands, rund um Bornholm oder am Isefjord in Nordseeland.

Ob kurze Tagesausflüge oder längere Radwandertouren – viele Regionen lassen sich wunderbar auf zwei Rädern erkunden. Das **Fahrradwegenetz** ist vorbildlich, zehn nationale Fahrradrouten (insgesamt ca. 3300 km) führen durch das ganze Land, zuzüglich lokaler Routen.

Reiten

Pferdefreunde finden in Dänemark »alles Glück der Erde« auf zahlreichen Bauern- und speziellen Pferdehöfen. Nähere Infos zu Reiterferien, Reittouren und Pferdevermietung: www.visitdenmark.de

Segeln und Surfen

Konstanter, kräftiger Wind und Reviere mit nahezu allen Schwierigkeitsgraden machen Dänemark zu einem der beliebtesten Segel- und Surfreviere Europas.

Eine Legitimation, ein Segelschiff zu führen, wird in Dänemark nicht verlangt, doch sollten Segler Erfahrung und fundierte Navigationskenntnisse mitbringen. Rund 350 Häfen sind für Freizeitschiffer eingerichtet. Die Hafengebühren liegen bei 80–120 DKK pro Nacht und Schiff.

Wer noch nicht surfen kann, der lernt's, z. B. in Hvide Sande

Klitmøller an der Nordsee nahe Thisted zählt zu den Top-Surfrevieren Europas, erfordert aber, wie alle Nordseegebiete, die perfekte Beherrschung dieses Sports. Weniger Anforderungen stellen Ostsee, Limfjord oder Ringkøbing Fjord.

! Einige Inseln und See- bzw. Küstenzonen sind Vogel- oder Robbenschutzgebiete und saisonal oder komplett gesperrt. Bei Missachtung drohen Strafen!

Kanu- und Kajakfahren

Für ausgedehnte Touren eignen sich das Seenhochland rund um Silkeborg › S. 118 und der weitere Verlauf der Gudenå bis Randers (Jütland) › S. 124. Beliebt sind die kleineren Reviere der Suså nördlich von Næstved › S. 69 sowie auf der Seenplatte mit Lyngby Sø, Bagsværd Sø und Furesø bei Kongens Lyngby › S. 61 nördlich von Kopenhagen. Adressen von Kanuverleihern sowie Informationen über Beschränkungen zum Schutz der Natur erhält man bei den dortigen Info-Büros.

Angeln

Wer in Dänemark angeln will, braucht einen Angelschein. Der kostet für ein Jahr 125 DKK für eine Woche 90 DKK und für einen Tag 30 DKK. Jugendliche unter 18 Jahren und über 65 Jahren brauchen keinen Angelschein. An Binnengewässern ist das Fischrecht oft an Privatpersonen oder Vereine verpachtet, deswegen wird zusätzlich eine Süßwasser-Angelkarte gebraucht (40–150 DKK pro Tag, Wochenkarte 100–350 DKK).

! Angler können sich bereits von zu Hause über das Internet ihre Angelscheine besorgen. Möglich ist das bei: www.dagkort.dk, www.fisketegn.dk

Schwimmen

Die herrlichen, langen Strände an Nord- und Ostsee sind Dänemarks größtes Ferienparadies. Die Wasserqualität wird streng kontrolliert. An bewachten Stränden wird mit Flaggen angezeigt, ob Baden erlaubt ist oder nicht (rot = verboten, gelb = gefährlich, grün = erlaubt). Grundsätzlich sollten Sie beim Baden in der Nordsee vorsichtig sein und besonders auf die Kinder achten.

Echt gut!

Die schönsten Strände

- Flache kinderfreundliche Sandstrände zeichnen die **Insel Langeland** aus. › S. 86
- Auf der **Insel Rømø** liegt Europas breitester Strand. Man kann ihn sogar mit dem Auto befahren. › S. 99
- **Klitmøller** gehört zu den besten Surfrevieren Europas. › S. 109
- An der **Jammerbugt** liegen gleich mehrere schöne Strände, so z. B. der von **Blokhus**. › S. 109
- Der 25 km lange Sandstrand von **Dueodde** macht den Süden Bornholms zu einem beliebten Reiseziel für Badegäste. › S. 137

Unterkunft

Camping und Caravaning

Von über 500 offiziell erfassten Campingplätzen ist gut ein Viertel ganzjährig geöffnet. Die Plätze sind in fünf Kategorien mit entsprechender Preisstaffelung eingeteilt. Die Preise werden pro Person/Nacht berechnet und liegen bei 50–65 DKK, hinzu kommt der Stromanschluss für 20–30 DKK pro Tag. Das Dänische Fremdenverkehrsamt hält umfangreiches Material bereit, u. a. das jährlich auch auf Deutsch erscheinende Gesamtverzeichnis »Camping Danmark« (95 DKK).

!! Wildcampen ist verboten. Und auch ohne offiziellen **Campingpass** geht es nicht. Das Plastikkärtchen ist ein Jahr lang gültig und kann bei Vorlage des Personalausweises für 90 DKK vor der ersten Übernachtung auf jedem Campingplatz erworben werden. Der Pass gilt auch in Schweden, Norwegen und Finnland. Für Einzelübernachtungen kann ein Transitpass für 25 DKK gekauft werden.

Immer mehr verbreitet ist auf Campingplätzen die **Unterkunft in Hütten**, auch Bungalows genannt, die in der Regel vier Schlafplätze bieten und oft auch über eine kleine Küche verfügen. In der Hochsaison werden die Hütten meist auf Wochenbasis je nach Ausstattung ab 3000 DKK vermietet, in der Nebensaison auch tageweise. Ein Verzeichnis bekommt man bei der örtlichen Touristinformation oder über DK-Camp (Tel. 75 71 29 62, www.dk-camp.dk).

Im Sommer finden außerdem auf kleineren Inseln unkonventionelle Zeltlager statt, die thematisch ausgerichtet sind – von Yoga über Theater bis Poker (Ø-lejr Kontoret, Tel. 70 22 55 81, www.oelejr.dk).

Ferienhäuser

Das Angebot reicht vom schlichten Holzhäuschen bis hin zum Luxusdomizil. Dusche, WC und Küche mit ausreichender Ausstattung sind immer vorhanden, ebenso Bettzeug (aber keine -wäsche). Die Mietpreise richten sich nach Komfort oder Standort, es gibt je nach Vermittler bis zu acht Preisperioden. Differenzen von weit über 50 % für die Miete desselben Hauses in der Haupt- oder Nebensaison sind üblich.

Die teuersten und luxuriösesten Häuser liegen an der Westküste Jütlands, relativ teuer sind Häuser auf Bornholm, preiswerter die an den anderen Ostseeküsten. Das Dänische Fremdenverkehrsamt veröffentlicht jährlich die Adressen vieler lokaler wie überregionaler Ferienhausvermittler. Alle großen Ferienhausvermieter bieten Online-Reservierungen (u. a. www.novasol.de, www.dancenter.com). Gerade für die Zeit um Weihnachten und Silvester sollte man nicht lange mit der Buchung warten. Die schönsten Häuser sind oft schon sehr früh weg.

Hotels und Kroer

In den Ferienregionen sind die Preise saisonabhängig, aber Stadthotels (z. B. »Best Western« und »Scandic«), die auf Geschäftsreisende spezialisiert sind, überraschen im Hochsommer sowie an Wochenenden oft mit günstigen Angeboten. Preiswert sind Missionshotels und Discounthotels mit Zimmern wie Schiffskabinen.

Kroer (Einzahl: Kro) heißen die Landgasthöfe entlang der wichtigsten Verkehrswege und in kleineren Orten. Viele Kroer haben ausgezeichnete Zimmer und hervorragende Restaurants. Die Bezeichnung Kro ist aber nicht geschützt, und so gibt es keinen einheitlichen Standard. Ordentlich sind die Häuser der Kette »Dansk Kro Ferie« (www.krohotel.dk) und meist auch die traditionsreichen »Kongelig privilegerede Kroer« (Königlich privilegierte Gasthöfe).

Viele alte Adelssitze sind zu komfortablen Hotels umgewandelt, in denen man einen stilvollen **Urlaub auf dem Schloss** verbringen kann. Ein Verzeichnis erhält man über Dansk Slotte & Herregårde (Tel. 86 60 38 44, www.slotte-herregaarde.dk). Echt gut!

Günstige Alternativen

Wenn die Urlaubskasse unter scharfer Beobachtung steht, bieten sich für die Übernachtung in Dänemark günstige Alternativen. **Jugendherbergen** heißen hier Vandrerhjem (Wandererheim) und werden als »Danhostel« vermarktet, was wohl unterstreichen soll, dass alle willkommen sind, ohne Altersbeschränkung. Die meisten Häuser haben Zweibett- oder Familienzimmer, häufig mit eigener Dusche und WC. Wer keinen Jugendherbergsausweis besitzt, kann einen Gästeausweis lösen. Info: Danhostel, Tel. 33 31 36 12, www.danhostel.dk

Für Städtereisende werden im Sommer preiswerte **Sleep-Inns** (Schlafsackunterkünfte) angeboten. Darüber, wie auch über das Angebot an Privatzimmern, kann man sich bei den jeweiligen Tourist-Büros erkundigen.

Bei Familien beliebt sind die **Ferien auf dem Bauernhof.** Zur Wahl stehen meist Zimmer mit Verpflegung (und Familienanschluss) sowie Gästewohnungen. Info: Landsforeningen for Landboturisme, Tel. 86 37 39 00, www.bondegaardsferie.dk

Die schönsten Hotels

Echt gut!

- Imponierendes altes Schlosshotel mit eigenem Hausgeist: **Dragsholm Slot** in Høvre › S. 66
- Luxus und Romantik im **Dronninglund Slot**: perfekt für verliebte Paare › S. 132
- **Hotel Dagmar** in Ribe: Dänemarks ältestes Hotel, in Dänemarks ältester Stadt › S. 100
- Wo einst die Künstler wohnten: Das **Brøndums Hotel** in Skagen ist eine Institution. › S. 111
- Stilvolle Einrichtung im Herrenhaus: **Steensgaard Herregårdpension** bei Faldsled › S. 83

Land & Leute

Steckbrief][Geschichte im Überblick][Die Menschen][Kunst und Kultur][Feste und Veranstaltungen][Essen und Trinken

Steckbrief

Dänemark

Fläche: 43 098 km²; teilautonome Gebiete: Färöer (1396 km²), Grönland (2 166 086 km²)
Verwaltung: 14 Kantone (Amt) und zwei selbstständige Städte (Kopenhagen und Frederiksberg)
Bevölkerung: 5,48 Mio. zuzüglich Färöer (48 400 Einw.) und Grönland (56 400 Einw.)
Längster Fluss: Gudenå (158 km)
Größter See: Arresø (39,9 km²)
Ausländeranteil: ca. 6,5 %
Religionszugehörigkeit: 83 % evangelisch-lutherische Folkekirke, 3,9 % Muslime, 0,6 % Katholiken
Währung: Dänische Krone

Lage

Geografisch gehört Dänemark zu Mitteleuropa, kulturell zu Skandinavien. Jütland grenzt an das deutsche Bundesland Schleswig-Holstein. Hier leben ca. 20 000 deutschsprachige Nordschleswiger mit garantiertem Minderheitenstatus (eigene Schulen, Kindergärten etc.). Flächenmäßig nimmt die Halbinsel fast 70 % des dänischen Kernlandes ein. Seeland dagegen belegt zwar nur 17 % der Landesfläche, doch wohnt fast jeder zweite Däne auf der Insel. Insgesamt verteilt sich das Land über 406 Inseln. Dazu gehören auch die teilautonomen Gebiete Grönland und Färöer Inseln, ein Erbe der Kolonialzeit. Rechnet man diese in die Statistik mit ein, würde sich das Land um 2,2 Mio. km² vergrößern, die Einwohnerzahl aber lediglich um weitere 100 000 anwachsen. Beide Gebiete besitzen eigene Flaggen, Kfz-Kennzeichen sowie eigene Parlamente und Regierungen mit je einem Ministerpräsidenten und sind keine EU-Mitglieder. In der Außen- und Sicherheitspolitik hat Kopenhagen aber noch das Sagen, und dänische Steuerzahler subventionieren die Haushalte beider Länder.

Politik und Verwaltung

Dänemark ist eine konstitutionelle Erbmonarchie. Eine bürgerliche Verfassung ist seit 1849 in Kraft, wenn auch mit großen Reformen 1915 und 1953. Die 175 »dänischen« Mitglieder des Einkammer-Parlaments Folketing werden nach dem Verhältniswahlrecht gewählt. Mit jeder Wahl entsenden auch Grönländer und Färinger je zwei Vertreter ins Folketing. Bei den Parlamentswahlen im November 2007 wurde die Koalitionsregierung unter Anders Fogh Rasmussen von der Venstre (Liberale) und der Konservativen Folkeparti trotz Stimmenverlusten wiedergewählt.

Verantwortungsbewusstsein auf internationaler Ebene zeigt Dänemark durch großen Einsatz in der Entwicklungshilfe. Das Land ist Mitglied in der NATO und in der EU. In Bündnissen gelten die Dänen als zuverlässige, aber kritische Partner: Auf der einen Seite setzt keine Nation so konsequent EU-Direktiven in nationales Recht um, andererseits hinterfragt kein Volk so nachhaltig die Zusammenarbeit: Die Dänen fürchten in der großen Gemeinschaft um ihre eigenständige Kultur und Identität.

Wirtschaft

Dänemark hat sich nach 1945 von einem Agrarland zu einem modernen Industriestaat gewandelt und ist seit der systematischen Ausbeutung der Bodenschätze unter der Nordsee auch Rohstofflieferant. Wichtige Ausfuhrgüter neben Öl und Gas sind Medikamente und biochemische Grundstoffe, Nahrungs- und Genussmittel sowie Möbel. Außerdem gehören dänische Firmen weltweit zu den führenden Produzenten von Windkraftwerken. Land- und Forstwirtschaft sowie die Fischerei sind traditionell wichtige Wirtschaftszweige mit hohem Exportanteil. Die meisten Arbeitsplätze bietet jedoch der Dienstleistungssektor.

Seit den 1990er-Jahren präsentiert sich Dänemark als ökonomisches Musterland mit solidem Wirtschaftswachstum. Betrachtet man das Bruttosozialprodukt pro Einwohner gehört es zu den zehn reichsten Ländern der Welt. 1998 erfüllte es spielend die Kriterien für die Teilnahme an der Gemeinschaftswährung Euro, die EU-skeptische Bevölkerung blockierte indes per Volksentscheid die Einführung. Trotzdem ist der Wechselkurs der Dänischen Krone fest an den des Euro gebunden.

Sprache

Dänisch hat sich aus dem Ostnordisch des Mittelalters entwickelt. Mit dem Deutschen gibt es gemeinsame Wurzeln im Urgermanischen. Viele Buchstaben verändern ihren Laut in Kombination und zahlreiche »flüchtige Laute« werden kaum oder gar nicht gesprochen. Keine Ausspracheprobleme bereiten die Sonderbuchstaben: Æ wird wie Ä, Ø wie Ö, Å/Aa wie ein langes, offenes O gesprochen. Artikel (en und et, im Plural ne) stehen unbestimmt vor dem Substantiv, bestimmt werden sie angehängt: Ein Haus = et hus, das Haus = huset, Häuser = huse, die Häuser = husene.

Geschichte im Überblick

200 000 v. Chr. Behauene Feuersteine beweisen die Anwesenheit erster Menschen.
3500–1800 v. Chr. In der jüngeren Steinzeit entstehen Dolmen- und Kammergräber.
1800–500 v. Chr. Bronzezeit. Hügelgräber werden aufgeschüttet.
500 v. Chr.–793 n. Chr. Eisenzeit. Erste Handelszentren wie Ribe und Haithabu entstehen.
793–1035 Wikingerzeit.
1154–1182 Unter Valdemar I. expandiert Dänemark bis ins Baltikum.
1240–1375 Die Hanse wird auf Kosten Dänemarks Ostseegroßmacht. Um 1300 ist das Land an den holsteinischen Adel verpfändet. Erst Valdemar IV. Atterdag (ab 1340) etabliert wieder eine starke Königsmacht.
1375–1412 Margrete I. übernimmt 1375 die Regentschaft.
1412–1439 Erik VII. macht Kopenhagen 1417 zur Hauptstadt. Ab 1425 lässt er von allen Schiffen, die den Øresund durchfahren, Zoll kassieren. Dies bleibt bis 1857 bestehen.
1523 Gustav Vasa wird schwedischer König und nimmt sein Land aus der Vereinigung der Königreiche Dänemark, Norwegen und Schweden.
1534 Christian III. wird König und setzt die Reformation durch. Adel und Krone schröpfen die katholische Kirche. Bis zum Ende des 16. Jhs. entstehen rund 1500 Renaissanceschlösser und -herrensitze.
1596–1648 Christian IV. wird zum großen Bauherren der Renaissance. Sein Eingreifen in den Dreißigjährigen Krieg bringt schmerzlichste Landverluste an Schweden. Bei Christians Tod ist Dänemark ruiniert.
1648–1670 Frederik III. lässt wieder gegen Schweden marschieren und verliert bis auf Bornholm alle Provinzen östlich des Øresunds an den Nachbarn. Dänemark schrumpft um ein Drittel. Trotzdem kann Frederik 1660 den Absolutismus durchsetzen.
1721 Der norwegische Pfarrer Hans Egede missioniert im Auftrag der Krone Grönland.
1768–1772 Der deutsche Arzt Johann Friedrich Struensee gewinnt das Vertrauen des geisteskranken Christian VII. und die Zuneigung der 18-jährigen Königin. Knapp 16 Monate regiert er mit visionären Ideen das Land, dann wird er entmachtet und enthauptet.
1801–1814 Zum Auftakt der Napoleonischen Kriege bezwingt eine englische Flotte die dänische in der Seeschlacht auf der Reede vor Kopenhagen. Dänemark schlägt sich auf die Seite Napoleons und schlittert mit ihm in Niederlage und Staatsbankrott.
1814 lösen die Siegermächte die dänisch-norwegische Doppelmonarchie auf. Norwegen fällt an

Schweden, nur Island, Färöer und Grönland bleiben bei Dänemark.

1814–1848 Total verarmt führt Dänemark als erstes europäisches Land eine allgemeine Schulpflicht ein und erlebt eine kulturelle Blütezeit, das »Goldene Zeitalter«.

1849 Am 4. Juni unterschreibt Frederik VII. eine bürgerliche Verfassung.

1848–1850 Ein Aufstand deutschgesinnter Schleswig-Holsteiner wird im ersten Schleswigschen Krieg niedergeschlagen.

1864 Die dänische Verfassung wird auf Schleswig – nicht aber auf Holstein – ausgedehnt. Der folgende Krieg gegen den Deutschen Bund endet in einer Niederlage. Schleswig und Holstein werden preußisch.

1864–1914 Die Heidegebiete Jütlands werden urbar gemacht.

1914–1918 Im Ersten Weltkrieg bleibt Dänemark neutral.

1920 Eine Volksabstimmung entscheidet über den bis heute gültigen Grenzverlauf zu Deutschland.

1935–1940 Große Bauprogramme gegen Arbeitslosigkeit.

1940–1945 Dänemark wird am 9. April 1940 von der deutschen Wehrmacht besetzt. Im Oktober 1943 flüchten fast alle dänischen Juden vor ihrer Deportation nach Schweden. Am 5. Mai 1945 wird Dänemark befreit.

1953 Eine Verfassungsreform erlaubt die weibliche Thronfolge.

1955 Die »Bonn-Kopenhagener-Erklärung« garantiert den Minderheiten beiderseits der dänisch-deutschen Grenze die Wahrung ihrer Kultur.

1972 Margrethe II. wird Königin.

1973 Dänemark tritt der EG bei.

1993 Die Dänen nehmen den Maastrichter Vertrag an.

1998 Die 18 km lange Große-Belt-Querung wird für Auto- und Bahnverkehr freigegeben.

2000 Die Øresundbrücke nach Schweden wird eröffnet. Im September lehnen die Dänen die Teilnahme am Euro ab.

2004 Kronprinz Frederik heiratet die bürgerliche Australierin Mary Donaldson.

2006 Eine dänische Zeitung veröffentlicht angeblich islamfeindliche Karikaturen. Im sogenannten Karikaturenstreit wird Dänemark daraufhin das Ziel von verbalen Angriffen und Drohungen aus der islamischen Welt.

2009 Weltklimagipfel der UN in Kopenhagen.

Königin Margrethe II.

Staatsoberhaupt ist seit 1972 die populäre Königin Margrethe II. (geb. 1940). Obwohl ihre Aufgaben laut Verfassung nur repräsentativer bzw. formeller Art sind, bezieht sie immer wieder öffentlich deutlich Position. Formal ist die Königin Vorsitzende des Staatsrates und muss alle Gesetze unterschreiben. Bei Regierungswechseln beauftragt sie einen der politischen Führer des Landes mit der Regierungsbildung. Sie beruft dann den »Staatsminister« und seine Regierung, deren Mitglieder können aber vom Folketing per Misstrauensvotum gestürzt werden.

Die Menschen

Die Dänen gelten als lässig, lustig, gesellig, Bier trinkend und freizügig, unter Skandinaviern gar als Südländer des Nordens, die gern mal fünf gerade sein lassen. Aber das sind Klischees. Die Dänen sind so vielfältigen Charakters wie ihre Heimat: bodenständig, auf dem Lande manchmal zurückhaltend, manchmal schrullig auf den Inseln, weltoffen in den Städten.

Ein unübersehbarer Nationalstolz, der sich in den allgegenwärtigen Nationalfarben Rot und Weiß dokumentiert, wirkt eigentlich liebenswert, bekam jedoch vor einigen Jahren dunkle Flecken: Rechtspopulisten gingen trotz geringer Ausländerquote und strengen Einwanderungsgesetzen mit fremdenfeindlichen Parolen erfolgreich auf Stimmenfang: In einer schlimmen Wahlschlappe verlor die sozialdemokratische Partei Ende 2001 die Mehrheit. Seitdem regiert eine liberal-konservative Minderheitskoalition recht erfolgreich, allerdings wurde das Klima für Arbeitslose, Ausländer und Randgruppen rauer. Das Zuwanderungsgesetz vom Juli 2002 schränkt den Flüchtlingsbegriff sowie die sozialen Rechte von Ausländern drastisch ein.

Glückliches Dänemark

Dänemark ist das glücklichste Land der Welt. Das jedenfalls ergab 2006 eine Untersuchung der Universität Leicester. Anhand von Faktoren wie Gesundheit, Wohlstand, Bildung, dem Zustand der Umwelt oder der Zufriedenheit der Bürger wurde eine »Weltkarte des Glücks« erstellt. Nach Dänemark folgen die Schweiz, Österreich, Island und die Bahamas. An 23. Stelle stehen die USA, Deutschland landet auf Platz 35.

Kunst und Kultur

Frühe Zeugnisse

Die ältesten Zeugnisse dänischer Kultur stammen aus der Jungsteinzeit (3500–1800 v. Chr.). In allen Landesteilen sind Großsteingräber erhalten: Runddolmen (runddysse), in der Regel mit nur einer Grabkammer und einem umgebenden Steinring, die jüngeren Langdolmen (langdysse) mit einer oder mehreren Grabkammern in einer rechteckigen, ebenfalls von Randsteinen gesäumten Anlage. Bei den Gang- und Kammergräbern (jættestue) schließlich sind eine oder mehrere Grabkammern in einem Hügel durch einen Gang von der Seite zugänglich.

Steinsetzungen, oft in Schiffsform, stammen aus der späten Eisen- und der Wikingerzeit (ca. 800–1035 n. Chr.). Verblüffend präzise angelegt sind die Wälle der Wikingerburgen Trelleborg auf Seeland und Fyrkat bei Hobro in Nordjütland.

Architektur

In der Romanik (1035–1250) entstehen erste Schlösser wie in Nyborg auf Fünen, Kathedralen wie im südjütländischen Ribe und weit über 1000 Landkirchen aus Granit, die »umfangreichste kulturhistorische Tat in der Geschichte Dänemarks«. Viele heutige Dorfkirchen haben einen romanischen Kern, wurden aber später anderen Stilen angepasst – noch sehr romanisch zeigt sich z.B. Tveje Merløse bei Holbæk auf Seeland. Der Dom von Roskilde zeugt vom Übergang zur Gotik (1250–1550). Neue Landkirchen werden jetzt mehrheitlich aus Ziegelstein gebaut. Ein gut erhaltener weltlicher Bau ist Burg Spøttrup am Limfjord.

Großartiges hat die niederländisch geprägte Renaissance (1550–1630) hinterlassen, u.a. Schloss Kronborg in Helsingør oder die Kopenhagener Börse. Viele der berühmtesten Adelssitze stammen aus dieser Periode, so Egeskov auf Fünen oder Voergård in Ostjütland; bürgerliche Gegenstücke sind Jens Bangs Stenhus in

Gegenwartsarchitektur

Höhepunkte sind neuere Kulturbauten, allen voran die Museen für moderne Kunst wie das international herausragende Louisiana in Humlebæk, Nordjütlands Kunstmuseum in Aalborg, Bornholms Kunstmuseum und das futuristische Kunstmuseum Arken südlich von Kopenhagen. Ihnen ist gemein, dass sich die modernen Gebäude mit der umgebenden Natur verbinden. Mit Henning Larsen, Schöpfer der Kopenhagener Oper, hat Dänemark einen internationalen Star, dessen neues »Spiegel«-Verlagshaus demnächst in Hamburg realisiert wird.

Aalborg und prächtige Fachwerkbauten in vielen Provinzstädten. Im Barock (1630–1735) entstehen repräsentative Bauten wie Schloss Charlottenborg in Kopenhagen und das königliche Frühjahrsdomizil Schloss Fredensborg in Nordseeland. Schönstes Beispiel des anschließenden Rokoko (1735–1775) ist die königliche Residenz Schloss Amalienborg.

C. F. Hansen baut in der Periode des Klassizismus (1775–1850) nach dem Brand 1807 Kopenhagen wieder auf. Die Architektur des Historismus (1850–1930) lebt vom Rückgriff auf Historisches: Beispiele sind die Rathäuser von Odense und Kopenhagen. Das Rathaus von Århus dokumentiert dann den Hypersprung zum Funktionalismus, der bis heute nachwirkt. Arne Jacobsen wird zu einem der bekanntesten Architekten und Designer Europas. Die weltweite Anerkennung dänischer Architekten belegt Jørn Utzons imposantes Opernhaus in Sydney.

Kunst

Vom hohen Niveau des Kunsthandwerks in der Vorzeit zeugen Luren (bronzene Blasinstrumente) und der Sonnenwagen von Trundholm aus der Bronzezeit ebenso wie der Silberkessel von Gundestrup aus der keltischen und die Goldhörner von Gallehus aus der germanischen Eisenzeit.

In der Romanik werden die ersten Kirchen mit Fresken ausgemalt, in der Gotik setzt sich dies fort, und eine Blütezeit erlebt die Kalkmalerei um 1500, u.a. mit dem Elmelund-Meister auf Møn. Filigrane gotische Holzschnitzerarbeiten schaffen Bernt Notke (Altar im Århuser Dom) und Claus Berg (Altar in der Knuds-Kirche, Odense).

Die erste Hälfte des 19. Jhs. ist das »Goldene Zeitalter« (Guldalder) des Kultur- und Geisteslebens, für das Namen wie C. Købke und J.T. Lundbye in der Malerei, H.C. Andersen in der Märchendichtung und Søren Kierkegaard in der Philosophie stehen.

Der Stuhl »3107« des dänischen Architekten und Designers Arne Jacobsen ist der meistverkaufte Designstuhl aller Zeiten.

Das Kunstmuseum ARoS in Aarhus

Um 1900 kommen erstmals bedeutende Kunstimpulse von außerhalb der Hauptstadt: Im nordjütländischen Fischerdorf Skagen arbeitet die vom Impressionismus beeinflusste Malergruppe um A. Ancher und P.S. Krøyer (Skagen Museum).

Internationale Beachtung erlangt Mitte des 20. Jhs. die abstrakt schaffende, internationale CoBrA-(Copenhagen-Brüssel-Amsterdam)-Gruppe, der Künstler wie Asger Jorn (Sammlung im Silkeborg Kunstmuseum) und Carl-Henning Pedersen (Museum in Herning) angehören. Zu den derzeit bekanntesten dänischen Künstlern gehören das Multi-Talent Per Kirkeby und Olafur Eliasson, der mit spektakulären Rauminstallationen begeistert. Moderne Kunst wird umfangreich gefördert, beispielhaft sind die vielen Kunstwerke auf Straßen und Plätzen der Provinzstadt Holstebro.

Literatur und Film

Für die Literaturschaffenden Dänemarks ist es auf internationaler Bühne schwer, aus dem Schatten des Märchendichters H.C. Andersen herauszutreten. Anfang des 20. Jhs. zählte Martin Andersen Nexø zu den meistgelesenen Autoren im deutschen Sprachraum. Internationale Popularität erlangte in den 1930er-Jahren Karen – in Deutschland »Tania« – Blixen. Erfolgreiche Verfilmungen von »Jenseits von Afrika« und »Babettes Fest« brachten ihrem Werk in den 1980er-Jahren eine Renaissance. Auch jüngste dänische Literatur liegt in deutschen Übersetzungen vor, so Krimis des Kopenhagener Originals Dan Turéll, die hochgelobte Lyrik Inger Christensens oder die Romane Peter Høegs, der Entdeckung der 1990er-Jahre. Sein »Fräulein Smillas Gespür für Schnee« wurde ein Weltbestseller und mit internationaler Starbesetzung von Dänemarks Regiestar Bille August verfilmt. Der wiederum gewann 1988/89 mit der Verfilmung von Martin Andersen Nexøs Roman »Pelle der Eroberer« die Goldene Palme von Cannes, den europäischen Filmpreis Felix und einen Oscar.

Dänische Kinoerfolge haben Tradition: Das Land stellte mit Asta Nielsen bis in die 1930er-Jahre den ersten europäischen Kinoweltstar, und die 14 Filme um die ewig scheiternde Olsenbande (1968–1981 und

1999) zählten in der DDR zu den beliebtesten ausländischen Filmen. 1998/1999 machten avantgardistische Regisseure wie Lars von Trier (»Idioten«) oder Thomas Vinterberg (»Das Fest«) mit Streifen nach dem Dogma-Manifest Furore, die sich u. a. durch ihre Handkamera-Ästhetik und authentische Sets auszeichnen. Lars von Trier begann 2003 mit »Dogville« eine USA-Trilogie, die er 2005 mit »Manderley« fortsetzte. In beiden Filmen standen namhafte Hollywood-Stars wie Nicole Kidman oder Willem Dafoe vor der Kamera. 2009 soll die Trilogie mit dem Film »Wasington« abgeschlossen werden.

Feste und Veranstaltungen

Die Dänen sind ein feierfreudiges Völkchen. Irgendwo findet immer ein Fest oder ein Festival statt. Im Folgenden sind die wichtigsten und bekanntesten Feste Dänemarks verzeichnet. Aber auch auf den unzähligen kleinen Dorffesten geht es äußerst lustig zu und vielleicht lernt man gerade da »Land und Leute« am besten kennen.

Weihnachtsmärkte sind ja eigentlich eine deutsche Spezialität, doch Echt gut! der **Weihnachtsmarkt im Tivoli** kann es mit den deutschen durchaus aufnehmen. Wenn das Wetter mitspielt und die dänische Hauptstadt im Schnee versinkt, ist er besonders zauberhaft.

Das Roskilde-Festival ist eines der größten Musik-Events in Europa.

Festkalender

Januar/Februar: 10-tägiges **Vinterjazz-Festival** in verschiedenen Städten (www.vinterjazz.dk).
Februar: Beim Kopenhagener Karneval **Fastelavn** ziehen vor allem Kinder verkleidet durch die Stadt (www.karneval.dk).
Mitte/Ende März: Das **Opernfestival** in **Aalborg** ist das einzige im Land (www.aalborgopera-festival.dk).
16. April: Geburtstag der Königin mit großer Parade vor dem Schloss Amalienborg.
Mai: Seit den 1980er-Jahren gibt es in Kopenhagen den **alternativen Pfingstkarneval**. Drei Tage feiert man im Fælledparken; zum Schluss große Parade auf dem Strøget (www.karneval.dk).
Mai: Der **Pfingstkarneval** in Aalborg ist mit über 100 000 Gästen Nordeuropas größter Umzug (www.karnevaliaalborg.dk).
Ende Mai: Tausende Teilnehmer beim **Kopenhagen Marathon** (www.copenhagenmarathon.dk).
23. Juni: Überall im Land feiert man **Sankt hansaften** (Johannisabend) traditionell mit einem Johannisfeuer oder modern mit Rockkonzert.
Letztes Juni-Wochenende: Mit den **Tordenskiold-Tagen** erinnert Frederikshavn u.a. mit Historienspielen an den legendären Seehelden Peter Wessel Tordenskioldv (www.tordenskiold.dk).
Juli: Dänische und internationale Stars, aber auch interessante Newcomer sind beim **Jazz Festival in Kopenhagen** zu Gast (www.jazzfestival.dk).
Juli: Die großen Rockstars geben sich die Ehre beim **Roskilde Festival** (siehe unten).
2. Augustwochenende: Das **Skanderborg Festival** ist das zweitgrößte Musikfestival Dänemarks (www.smukfest.dk)
Ende August: Horsens verwandelt sich beim **Mittelalterfestival** in ein mittelalterliches Dorf mit Rittern, Pilgern und Mönchen (www.middelalderfestival.dk).
Ende August/Anfang September: Århus Festwoche mit Kultur-Events, Musik und Sport. Einige Veranstaltungen sind kostenlos (www.aarhusfestuge.dk).
September: Kopenhagen hat auch ein **Filmfestival** (www.copenhagenfilmfestival.com).

Rocken in Roskilde

Anfang Juli pilgern alljährlich ca. 100 000 Fans nach Roskilde zu einem der größten Musikfestivals Europas. Das Festival selbst ist unkommerziell: Der gesamte Gewinn geht an karitative Einrichtungen oder an kulturelle Projekte. Während der vier Festivaltage treten ca. 150 Bands auf, knapp 1000 freiwillige Helfer sorgen für den reibungslosen Ablauf. Eine traurige Ausnahme bildete das Jahr 2000, als bei einem Konzert von Pearl Jam neun Männer zu Tode getrampelt wurden. Danach verstärkte man die Sicherheitsvorkehrungen; so dürfen Jugendliche unter 15 Jahren nur noch in Begleitung Erwachsener aufs Festivalgelände. Weitere Infos: www.roskilde-festival.dk

Essen und Trinken

Dem morgenmad (Morgenmahl) begegnen die Gäste in dänischen Hotels und Pensionen meist in Form eines opulenten Frühstücksbuffets von 7 bis 10 Uhr. Zwischen 12 und 14 Uhr ist dann Zeit für frokost, direkt übersetzt zwar ein Frühstück, in der Praxis aber ein leichtes Mittagessen. Die Hauptmahlzeit heißt middag, Mittag, kommt aber meist am Abend zwischen 18 und 21 Uhr auf den Tisch; nur die einfachere, kalte Alternative heißt aftensmad, Abendessen.

Herzhaft bis süß

Die dänische Küche ist deftig. Huhn, Schweinefleisch oder Fisch werden meist gekocht und zusammen mit Kartoffeln, dicker Soße sowie Rotkohl, süßsauren Gurken oder Roter Bete serviert. Am Nachmittag gibt es zum Kaffee eines der Teilchen, die überall Kopenhagener oder Dänischer Plunder heißen, in Dänemark aber wienerbrød (Wiener Brot).

In Restaurants sorgen Einflüsse französischer Küche und beste Rohwaren dafür, dass auch verwöhnte Gaumen befriedigt werden. Unterhalb der Topgastronomie gibt es ein breites Angebot: Für weniger als 100 DKK servieren sog. Discount-Restaurants schon ein sättigendes Dreigänge-Menü. Rindersteaks (oksebøf), Rinderhacksteaks (hakkebøf) sowie Lachs gehören zu den Standards.

Echt gut!

Die besten Restaurants

- **Ida Davidsen** in Kopenhagen: Bei der Königin des Smørrebrøds wird die geschmierte Stulle zum kulinarischen Hochgenuss. › S. 55
- Im **Nørrebro Bryghus** in Kopenhagen fühlen sich Bierliebhaber wohl, der Koch setzt den Gerstensaft immer wieder zur Verfeinerung der Speisen ein. › S. 56
- Auf dem ehemaligen holländischen Schulschiff **Prinses Juliana** in Aalborg werden erlesene Fischspezialitäten kredenzt. › S. 131
- Schlosshotel mit exzellenter Küche: der **Schackenborg Slotskro** in Møgeltønder. › S. 98
- Im **Kokkedal Slot** zwischen Hanstholm und Hirtshals kann man sich mit guter Küche und edlem Wein verwöhnen lassen. › S. 110

Smørrebrød

Weltberühmter Klassiker der dänischen Küche ist das kunstvoll belegte »Butterbrot«: Auf eine Scheibe Grau- oder Weißbrot werden wahlweise und reichlich in ein oder zwei Schichten Krabben oder Krebse, Fischfilets oder Frikadellen, kleine Schweinefilets oder Schinken oder was auch immer aufgetürmt und mit Kapern oder Zwiebelringen, Anchovis oder Aspikstreifen, Radieschen oder Meerrettich garniert und mit einem Klecks

Mayonnaise gekrönt. Mit 1,40 m Länge und 178 Kombinationen schaffte der Bestellzettel eines heute nicht mehr existierenden Kopenhagener Smørrebrødlokals den Sprung ins Guinness-Buch der Rekorde.

Smørrebrød sind typische Frokostgerichte. Sie erleben Konkurrenz von kleinen warmen (lune) Tellergerichten, Salaten oder knusprigen Baguettes, die vor allem in den Cafés der Städte offeriert werden.

Alkoholisches

Zu jeder Mahlzeit kann man in Dänemark Bier (øl) trinken, angeboten werden verschiedenste Marken und Sorten in Flaschen, seltener als Fassbier. Landesweit schenken Kneipen und Restaurants die Produkte der vereinigten Großbrauereien Carlsberg und Tuborg aus, meist auch noch die des letzten nennenswerten Konkurrenten Faxe sowie die ein oder andere lokale Bierspezialität. Pilsener ist Standardsorte, helle und dunkle Starkbiere (guld-øl, porter) sind überall und manchmal auch alkoholreiche Jahrgangsbiere zu haben.

Die meisten Restaurants bieten gute Tischweine an, vorzugsweise trockene Weine aus Frankreich. Die üblichen Spirituosen schenkt jede Bar aus. Unter den heimischen Produkten sind Kümmelschnaps (akvavit) und der herbe Kräuterbitter Gammel Dansk hervorzuheben.

1 Kopenhagen

Nicht verpassen!

- Ein Bier auf einer Restaurantterrasse am Nyhavn
- Eine Stadtrundfahrt mit dem Schiff
- Ein Besuch der französischen Impressionisten in der Ny Carlsberg Glyptotek
- Einkaufen auf dem Strøget
- Mit Kindern durch den Tivoli oder zum Vergnügungspark Bakken
- Abends zum Ausgehen in den Stadtteil Nørrebro

Karte Seite 44

Zur Orientierung

Dänemarks Hauptstadt glänzt als unumstrittene Metropole des Landes, ist Residenzstadt der Königin, Sitz von Regierung und Parlament, Medienzentrum, skandinavischer Verkehrsknotenpunkt sowie überragendes Wirtschafts- und Handelszentrum. Hier haben sich viele bekannte Unternehmen angesiedelt. Bang und Olufsen z. B. oder die Königliche Porzellanmanufaktur, aber auch große Banken, Versicherungen sowie bekannte Firmen der Computerbranche. Durch Umwelt-, Biotechnologie- und Telekommunikationsfirmen entwickelt sich die Stadt in jüngster Zeit mehr und mehr zu einem Hightech-Zentrum. Mit den kürzlich fusionierten Brauereien Tuborg und Carlsberg ist hier außerdem einer der größten Getränkekonzerne der Welt ansässig.

Kopenhagen ist aber keineswegs eine stimmungslose Industriestadt, im Gegenteil: Patinaveredelte Kupferdächer über rotem Backstein, ein Ring von Parks um das überschaubare Zentrum und immer wieder Wasser, Kanäle und Hafenbecken prägen das unverwechselbare Stadtbild. 1167 von Bischof Absalon durch den Bau einer Burg gegründet und 1417 von Erik VII. zur Residenzstadt gemacht, wurde Kopenhagen bis weit ins 19. Jh. hinein durch Befestigungsanlagen eingeschnürt. Erst ab 1852 durfte außerhalb der Wälle gebaut werden, das historische Zentrum wirkt dadurch sehr kompakt und ist von besonderem Reiz.

Die meisten Sehenswürdigkeiten der Innenstadt sind gut zu Fuß erreichbar. Auch die Szeneviertel Vesterbro im Westen, Nørrebro und Fredriksberg im Nordwesten bzw. Norden sowie Christianshavn im Osten liegen nur wenige Gehminuten vom Zentrum entfernt. Außerdem ist das Nahverkehrssystem Kopenhagens Weltspitze: Nahezu jeder Punkt der Stadt ist leicht mit Bus oder Bahn erreichbar. Und die Fahrt mit der neuen, führerlosen Metro durch ihre schick gestylten Stationen ist an sich bereits ein Erlebnis.

Internationales Niveau haben die Theater- und Musikszene – und hier allen voran der Jazz. Seit der Eröffnung der Neuen Oper im Jahre 2005 erlebt aber auch die klassische Musik in Kopenhagen eine neue Blüte.

Die Lage, ihr Charme und das breite Kulturangebot machen Kopenhagen bei Einwohnern wie Touristen beliebt. Mehr als 5 Mio. Übernachtungen pro Jahr weist die Statistik aus. Zwar stehen für die Besucher weit mehr als 12 000 Hotelzimmer zur Verfügung. Doch während der Hauptsaison sind auch das zu wenige und Kopenhagen ist meist bis auf das letzte Bett ausgebucht.

Karte Seite 44

Touren durch Kopenhagen

Vom Bahnhof nach Christianshavn

– 4 – Hauptbahnhof › Tivoli › Rathaus › Ny Carlsberg Glyptotek › Nationalmuseum › Slotsholmen › Christianshavn › Operahus

Dauer: 4–5 Std. ohne Museen
Praktische Hinweise: Die meisten Museen sind montags geschlossen. In Christiania wird es nach wie vor noch nicht gern gesehen, wenn man Fotos macht. Die Angst, dass Zivilpolizisten Drogendeals fotografieren könnten, gibt es noch immer. Vom Operahus, dem Endpunkt des Spaziergangs, gelangt man bequem mit der Personenfähre, dem Havnebus, nach Nyhavn.

Der Spaziergang führt zu den größten Sehenswürdigkeiten der Innenstadt, darunter auch zu den wichtigsten Museen.

Verlässt man den Hauptbahnhof **1**, muss man nur die Straße überqueren und schon steht man am Eingang zum Tivoli.

Tivoli **2

Der Tivoli ist einer der bekanntesten Vergnügungsparks der Welt. Allerdings sind es nicht Todeslooping und Monsterkarussell, die seinen Reiz ausmachen, sondern sein eher beschauliches Flair. Hierher kommt man, um zu bummeln und zu flanieren. Eine Ausnahme ist das »Himmelskibet«. Es ist mit einer Höhe von 80 m **das höchste Karussell der Welt** und zugleich Aussichtsturm mit herrlichem Blick über Kopenhagen. Die zwölf Gondeln wirbeln mit ca. 70 km/h durch die Luft. 2006 eröffnete das spektakuläre Salzwasseraquarium mit über 1600 Fischen. Besonders schön ist es abends, wenn 150 000 Lampen den Park in ein romantisches Licht tauchen (www.tivoli.dk, Mitte April–Mitte Sept. tgl. 11–23, Mitte Okt. 11–21, Mitte Nov. bis Ende Dez. 11–22 Uhr).

Echt gut

Rathaus **3**

Das Rathaus wurde 1905 von Martin Nyrop erbaut; dem Architekten soll dabei das Rathaus von Siena als Vorbild gedient haben. Über dem Hauptportal zeigt eine vergoldete Statue den Stadtgründer Bischof Absalon. Attraktion im Inneren ist die Weltuhr von Jens Olsen. Vom Rathausturm, mit 105 m der höchste des Landes, bietet sich ein schöner Blick über die Altstadt. Neben dem Rathaus steht ein Denkmal des Märchendichters H.C. Andersen (Rathaus: Mo–Fr 7.45–17 Uhr, Weltuhr: Mo–Fr 10–16, Sa 10–13, Turm: Juni–Sept. Mo–Fr 10, 12, 14, Sa 12, sonst Mo–Sa 12 Uhr).

Herausragend: die Antikensammlung der Ny Carlsberg Glyptotek

**Ny Carlsberg Glyptotek 4

Nahe dem Rathausplatz liegt die Ny Carlsberg Glyptotek mit der größten Sammlung antiker Kunst in Nordeuropa. Hervorragend vertreten ist auch die französische Malerei des 19. Jhs. Degas, Delacroix und Monet sind nur einige berühmte Impressionisten, deren Werke man hier bewundern kann. Auch die Gaugin-Sammlung ist beachtlich (Di–So 10–16 Uhr).

*Nationalmuseum 5

Die Sammlungen des Nationalmuseet, des bedeutendsten kulturgeschichtlichen Museums des Landes, führen chronologisch durch die dänische Geschichte. Das Prunkstück ist der mehr als 3000 Jahre alte Sonnenwagen von Trundholm – die 60 cm große Skulptur eines Pferdes, das die Sonnescheibe zieht. Eine Abteilung widmet sich fremden Kulturen. Ein weiterer Ausstellungsbereich richtet sich hauptsächlich an Kinder (Prinzen Palais, Haupteingang Ny Vestergade 10, www.natmus.dk, Di–So 10–17 Uhr).

**Slotsholmen

Über den Frederiksholms Kanal führt die aus Sandstein gebaute Marmorbrücke zur Schlossinsel, dem Zentrum von Dänemarks Macht, das voller Sehenswürdigkeiten ist. ***Schloss Christiansborg** 6 beherbergt heute das Parlament Folketing, den Obersten Gerichtshof und die Königlichen Repräsentationsgemächer (Führungen). Besichtigt werden können auch die 20 Pop-Gobelins, die Bjørn Nørgaard 1990 zum 50. Geburtstag von Königin Margrethe anfertigte.

Das Schloss ist das fünfte an dieser Stelle. Vom ältesten, der Burg Absalons, sind noch Fundamente im Keller unter dem Turm zu besichtigen. Im Seitenflügel an der Reitbahn ist ein **Kutschenmuseum 7** und im ehemaligen Hoftheater passenderweise ein **Theatermuseum 8** untergebracht. Die neoklassizistische **Schlosskirche 9** wurde nach einem Brand 1992 restauriert.

– 4 –
Vom Bahnhof nach Christianshavn

1 Hauptbahnhof
2 Tivoli
3 Rathaus
4 Ny Carlsberg Glyptotek
5 Nationalmuseum
6 Schloss Christiansborg
7 Kutschenmuseum
8 Theatermuseum
9 Schlosskirche
10 Thorvaldsen Museum
11 Königliches Zeughaus – Tøjhus
12 Jüdisches Museum
13 Königliche Bibliothek
14 Børsen (Börse)
15 Dansk Arkitektur Center
16 Orlogsmuseet
17 Vor Frelsers Kirke
18 Freistaat Christiania
19 Operahus

– 5 –
Vom Rathausplatz zur kleinen Meerjungfrau

20 Strøget
21 Amagertorv
22 Royal Copenhagen
23 Gråbrødretorv
24 Kongens Nytorv
25 Nyhavn
26 Hafenpromenade
27 Amalienborg
28 Marmorkirche
29 Kunstindustrimuseet
30 Frihedsmuseet
31 Kastellet
32 Meerjungfrau

– 6 –
Vom Rathausplatz zur Østre Anlæg

33 Vor Frue Kirke
34 Runde Tårn
35 Arbejdermuseet
36 Rosenborg Slot
37 Statens Museum for Kunst
38 Hirschsprungsche Sammlung
39 Assistens Kirkegård

Fælled Parken
Kongens Lyngby
Hellerup, Charlottenlund, Klampenborg
Blegdamsvej
Østerbrogade
Classensgade
Kristianiagade
Indiakaj
Sortedams Sø
Søgade
Dan Hammerskjölds Alle
Østbanegade
Langelinie
Alle
F. Bernadottes
Bro
Yder-havnen
Hj. Brantings Pladsen
Østerport Station
Farimagsgade
Øster
Stockholmsgade
Øster Anlæg
Sølv-
Søgade
Sølv-torvet
Voldgade
Grønningen
Store Kongensgade
Skt. Pauls Pl.
Skt. Albans Kirke
Botanischer Garten
Sølvgade
Esplanaden
gade
Øster
Gothersgade
Kongens Have
Amalien-have
Nørreport Station
Nørreport
Åbenrå
Hauser Plads
Kul-torvet
Gothersgade
Borger-
Store Kongensgade
Bred-
Sankt Annæ Plads
HOLMEN
Voldgade
Synagoge
Krystalgade
Købmager-gade
Gl. Mønt
Universitäts-bibliothek
Østergade
Kongens Nytorv
Charlotten-borg
Nyhavn
Kongelige Teater
Gammel-torv
Nyg.
Vimmelsk.
Amagertorv
Bremerholm
Frederiksberg.
Nytorv
Gammel Strand
Holmens Kanal
Niels Juels Gade
Havnegade
Rådhusstr.
Frederiks-holms Kanal
Holmens-kirke
Børsgade
Vindebrog.
Schloss Christiansborg
Knippels-bro
Vandet
Strandgade
Sankt Annægade
oven
CHRISTIANS-HAVN
Andersen
Strøget
Ny Vestergade
SLOTSHOLM
Christianshavn
Dantes Plads
Christians Brygge
Torvegade
Boulevard
Inderhavnen
gade
Kongens Nytorv
Overgaden
Stadsgraven
gade
Kalvebod Brygge
Lange-bro
Amager Bld.
Stads-graven
Christmas Møllers Plads

Dem im 19. Jh. hochgeschätzten klassizistischen Bildhauer Bertel Thorvaldsen ist das ***Thorvaldsen Museum** 10 gewidmet (Bertel Thorvaldsens Plads 2, www.thorvaldsensmuseum.dk, Di–So 10–17 Uhr). Vom Museum Richtung Zentrum hat man beim Blick auf Gammel Strand eine der schönsten Stadtansichten.

Königliches Zeughaus – Tøjhus 11

In der 156 m langen Zeughaushalle, der größten Halle aus der Zeit der Renaissance, zeigt eine Militärausstellung Handfeuerwaffen, Schwerter, Rüstungen, Uniformen und Kanonen (Di–So 12–16 Uhr).

Jüdisches Museum 12

Daniel Libeskind baute 2004 eine alte Schiffshalle aus dem 17. Jh. zu einem neokubistischen Meisterwerk um. Die Ausstellung ist Alltagsleben und Geschichte der dänisch-jüdischen Gemeinde gewidmet (Proviantpassagen 6, www.jewmus.dk, Juni–Aug. Di–So 10–17, sonst Di–Fr 13–16, Sa, So 12–17 Uhr).

Die Fassade der Königlichen Bibliothek ist aus schwarzem Granit

Königliche Bibliothek 13

Die zum Hafen gewandte Seite der Schlossinsel begrenzt u. a. die Königliche Bibliothek, deren historisierender Altbau Ende des 20. Jhs. einen imposanten, modernistischen Glasanbau bekam. Im Volksmund wird er »Schwarzer Diamant« genannt. Daneben erhebt sich eines der schönsten Renaissancegebäude Europas, ***Børsen** 14, die Börse. Ihr 54 m hoher Turm stellt vier ineinander verdrehte Drachenschwänze dar.

Christianshavn

Das Viertel auf der Insel Amager bezaubert mit idyllischen Kanälen und schönen alten Häusern. Der Stadtteil, im 17. Jh. von König Christian IV. (1588–1648), gegründet, war einst ein Arbeiterviertel. Heute leben hier Künstler und Hippies in Nachbarschaft mit Geschäftsleuten und Yuppies.

Hier präsentiert das **Dansk Arkitektur Centre** 15 wechselnde Architekturausstellungen (Strandgade 27 B, www.dac.dk, tgl. 10–17 Uhr) und das **Orlogsmuseet** 16 (Overgaden oven Vandet 58, www.orlogsmuseet.dk, Di–So 12–16 Uhr) eine sehenswerte Schiffsmodellsammlung.

Überragt wird das Viertel vom 90 m hohen Turm der ***Vor Frel-**

Karte Seite 44

sers Kirke 17 (St. Annægade), den man über die markante, sich außen emporschlängelnde Wendeltreppe besteigen kann.

Freistaat Christiania 18

Seit 1971 existiert der Freistaat Christiania, ein von Hausbesetzern aufgebautes und von den Behörden toleriertes »soziales Experiment«. Heute ist Christiania auch eine Touristenattraktion. Eine Million Besucher bummeln jährlich durch das Viertel. Seit 1991 zahlen seine Bewohner auch Miete – allerdings deutlich weniger als in Kopenhagen üblich. Immer wieder diskutiert man über die Räumung des Gebietes. Dabei spielen auch wirtschaftliche Gründe eine Rolle, gehört es doch zu den Filetstücken der Hauptstadt.

**Operahus 19

Im Norden schließt der ehemalige Flottenstützpunkt Holmen auf der gleichnamigen Insel an. Zwischen den gut 40 denkmalgeschützten Bauten aus drei Jahrhunderten erscheint Kopenhagens neue Oper, die 2005 eröffnet wurde, wie vom anderen Stern. Die kühne Konstruktion aus Jurastein und Glas des Stararchitekten Henning Larsen ist ein Milliarden-Geschenk des Großreeders und Erdölmoguls Maersk McKinney Møller an das dänische Volk. Das in Sichtachse zum Schloss Amalienborg errichtete Haus erstreckt sich über 14 Etagen, fünf davon unter der Erde (Tickets: Ekvipagemestervej 10 Tel. 33 69 69 69, www.operaen.dk, Mo–Sa 10–24, So 10–20 Uhr, Führungen nur am Wochenende).

!! Für den Rückweg kann man auf den Havnebus der Linie 66 umsteigen, der alle 20 Minuten in die Innenstadt verkehrt.

Vom Rathausplatz zur kleinen Meerjungfrau

– 5 – Strøget › Kongens Nytorv › Nyhavn › Amalienborg › Kastellet › Kleine Meerjungfrau

Dauer: 4 Std. ohne lange Shopping-Stopps und Kneipenpause
Praktische Hinweise: Am Samstag ist die Fußgängerzone Strøget übervoll von Menschen, von entspanntem Einkaufen kann dann nicht die Rede sein. Die Statue der kleinen Meerjungfrau liegt relativ weit außerhalb; wer dorthin nicht laufen möchte, kann die S-Bahn bis zur Station Østerport nehmen oder den Bus (Linien 1 A, 15,19 oder 26).

Dieser Spaziergang führt durch die Einkaufsstraße Strøget zum Amagertorv und dem Kongens Nytorv, den schönsten Plätzen Kopenhagens. Nyhavn mit seinen Restaurants ist der ideale Ort für eine kleine Pause. Um Enttäuschungen vorzubauen: Die kleine Meerjungfrau ist wirklich klein – sie ist zwar die meistfotografierte Sehenswürdigkeit der Stadt, aber eigentlich sehr unspektakulär.

Der Amagertorv ist ein Highlight der Shopping-Meile Strøget

*Strøget 20

Am Rathausplatz beginnt die Fußgängerzone Strøget, der »Strich«. Über 1,8 km zieht sich die aus Straßen und Plätzen bestehende Flanier- und Einkaufsmeile durch die Stadt. Mittelpunkt ist der ***Amagertorv** 21. Direkt am Platz bietet die berühmte Porzellanmanufaktur **Royal Copenhagen** 22 eine Filiale mit Museum (Nr. 6, Tel. 38 14 96 97, www.royalcopenhagen.com, Mo–Do 10–18, Fr 10–19, Sa 10–17 Uhr).

Schön und immer von Leben erfüllt ist der romantische Platz ***Gråbrødretorv** 23, den beliebte Kneipen und Restaurants wie das **Le Pavé** (Nr. 4, Tel. 33 13 47 45, www.lepave.dk) säumen.

Shopping

Echt gut!

An der Nordseite des Amagertorv verbirgt sich ein **Luxus-Einkaufsparadies** hinter einer schönen Renaissancefassade: **Illums Bolighus** (Nr 10, www.illumsbolighus.dk) bietet erstklassiges Möbeldesign und bei der Silberschmiede **Georg Jensen** (Nr 4, www.georgjensen.com) erhält man Schmuck und Wohnaccessoires.

*Kongens Nytorv 24

Strøget selbst trifft schließlich auf den Kongens Nytorv, einen großzügig angelegten Platz, an dem unter anderem das Königliche Theater, erbaut 1874, und Schloss Charlottenborg im Stil des niederländischen Barock zu finden sind, letzteres ist seit 1753 Sitz der Kunstakademie.

**Nyhavn 25

An den Platz stößt der malerische Stichkanal Nyhavn. Mit seinen bunten Häusern gehört er zu den am meisten fotografierten Orten der dänischen Hauptstadt. Ein Restaurant reiht sich ans andere und im Sommer, wenn die Tische vor der Türe stehen, trifft sich hier halb Kopenhagen auf ein Bier oder zum Abendessen im Sonnenschein. Bis in die 1970er-Jahre hinein war Nyhavn eine verrufene Gegend. H.C. Andersen liebte dieses Viertel trotzdem und wohnte zeitweise in den Häusern Nyhavn 18, 20 und 67.

cht gut! Von Nyhavn fahren die Boote für die **Kanalrundfahrten** ab, sowie am Ende des Kais (auf der »Schattenseite«) die Wasserbusse.

*Hafenpromenade 26

Zu einem Schmuckstück hat sich in den letzten Jahren die Hafenpromenade entwickelt. Einen beeindruckenden Kornspeicher von 1780 nutzt jetzt das **Copenhagen Admiral Hotel** › S. 55 und vor dem Westindischen Packhaus von 1781 steht eine 6 m hohe Bronzekopie von Michelangelos David. Innen zeigt die weltweit einzigartige **Den Kongelige Afstøbningssamling** ca. 2000 Gipskopien berühmter Skulpturen vom alten Ägypten bis 17. Jh. (Toldbodgade 40, Mi 14–20, So 14–17 Uhr).

**Amalienborg 27

Der moderne Park Amalienhave trennt die Hafenpromenade von Schloss Amalienborg, der Residenz der königlichen Familie. Das Christian VIII.-Palais ist als »Glücksburger-Museum« zugänglich, das die Fortsetzung der Rosenborgsammlungen ab der Epoche Christians IX. (1863–1906) bildet. An dem 12 m hohen Reiterstandbild König Frederiks V. arbeitete der französische Künstler Jacques François Saly 17 Jahre.

! Ist die Königin anwesend, weht über ihrem Domizil die dänische Flagge und um 12 Uhr findet die tägliche Wachablösung auf dem Schlossplatz zusätzlich mit großem Zeremoniell statt.

*Marmorkirche 28

An der Marmorkirche bzw. Frederikskirke wurde fast 150 Jahre gebaut, weil erst 1894 ein bürgerlicher Sponsor die Mittel aufbrachte, sie fertigzustellen – kleiner als geplant und mit viel mehr Kalkstein als Marmor. Ursprünglich sollte sie größer werden als der Petersdom in Rom.

*Kunstindustrimuseet 29

Das 1890 gegründete Kunstindustriemuseum präsentiert dänisches Handwerk und Design vom Spätmittelalter bis zur Gegenwart sowie eine hervorragende Sammlung japanischen Kunsthandwerks (Bredgade 68, www.kunstindustrimuseet.dk, Di–So 11–17 Uhr).

Schloss Amalienborg

Die kleine Meerjungfrau ist wirklich sehr klein

Frihedsmuseet 30

Am Ende der Bredgade liegen das Frihedsmuseet (Mai–Sept. 10–17 Uhr, Okt.–April 10–15 Uhr), das die Geschichte des dänischen Widerstands gegen die Besatzung durch die Nazis dokumentiert, und das **Kastellet** 31, eine Festung aus dem 17. Jh., die in den 1990ern rekonstruiert wurde. Vor ihren Wällen imponiert der 1909 von Anders Bundgaard geschaffene **Gefions-Brunnen** neben der englischen St.-Albans-Kirche.

*Kleine Meerjungfrau 32

Für alle, die sie nur als bildfüllendes Fotomotiv kennen, sitzt die Kleine Meerjungfrau als überraschend kleines Persönchen am Ufer des Langeliniekajs, an dem sonst riesige Kreuzfahrtschiffe ankern. Gerade mal 125 cm misst das Wahrzeichen Kopenhagens. Edvard Eriksen schuf die Bronzeskulptur 1913 nach Andersens Märchenfigur als zarte Frau. Modell stand ihm eine damals berühmte Balletttänzerin. Aber nur für den Kopf! Da sie sich nicht nackt modellieren lassen wollte, nahm der Bildhauer den Körper seiner eigenen Frau als Vorbild.

Mehrmals in ihren 100 Lebensjahren wurde die Kleine Meerjungfrau von Vandalen beschädigt und sogar einige Male enthauptet, zuletzt 1998. Am 11. September 2003 wurde die zarte Schönheit dann sogar von ihrem Felsen gesprengt und gestohlen. Glücklicherweise steht hier immer nur eine Kopie des Originals, das die Erben des Bildhauers an einem geheimen Ort verstecken.

Vom Rathausplatz zur Østre Anlæg

– 6 – Rathausplatz › Vor Frue Kirke › Runde Tårn › Arbejdermuseum › Rosenborg Slot › Statens Museum for Kunst › Hirschsprungsche Sammlung

Dauer: 3 Std. ohne Museumsbesuche
Praktische Hinweise: Rosenborg Slot und das Statens Museum for Kunst sind montags geschlossen, die Hirschsprungsche Sammlung am Dienstag. Der Park Østre Anlæg ist bei schönem Wetter der ideale Ort für ein Picknick.

Der Spaziergang führt zu einigen weniger bekannten Sehenswürdigkeiten wie das äußerst sehenswerte Arbeitermuseum, aber auch zu absoluten Highlights wie Schloss Rosenborg und das Kunstmuseum. Nebenbei passiert man spannende Geschäfte und Boutiquen: Eine ideale Kombination aus Sightseeing und Shopping.

Vor Frue Kirke 33

Vom **Rådhusplads** sind es nur wenige Meter über Strøget zum Gammel Torv mit dem verspielten Caritasbrunnen von 1608. In Richtung Norden gelangt man zur klassizistischen Vor Frue Kirke (Liebfrauenkirche), dem Dom der Stadt. Blickfang im schlicht gehaltenen Innern ist die Jesusstatue (1839) in der Apsis, die ihre Arme den zwölf marmornen Jüngern entlang dem Hauptschiff entgegenzustrecken scheint, alles Werke des dänischen Bildhauers Bertel Thorvaldsen. Im Mai 2004 heiratete hier der dänische Kronprinz Frederik die Australierin Mary Donaldson.

*Runde Tårn 34

Zu den unter Christian IV. entstandenen Bauten gehört der Runde Tårn (Købmagergade). Über eine Länge von 209 m windet sich im Inneren eine Rampe hinauf zur Spitze mit der kleinen Sternwarte, nur die letzten Meter zur Aussichtsplattform muss man Treppen steigen. Der Grund für den Verzicht auf Stufen: Der Architekt entschied sich für eine Auffahrt, weil die schweren Bücher und Instrumente in einem Wagen zum Observatorium transportiert werden sollten.

*Arbejdermuseum 35

Einmal nichts mit königlichen Erinnerungsstücken zu tun hat das Arbeitermuseum. Beispielhaft für

Rathausplatz

moderne Volkskunde führt es das Leben der Arbeiterklasse im späten 19. Jh. und 20. Jh. vor Augen. Das Museum befindet sich in einem ehemaligen Arbeiterversammlungshaus (1879). Im großen Sitzungssaal, der heute noch für Theatervorstellungen, Konferenzen u. ä. genutzt wird, hat einst Rosa Luxemburg gesprochen (Rømersgade 22, tgl. 10–16 Uhr).

Echt gut! Nach dem Museumsbesuch kann man in der **Arbeiterbierstube »Café & Ølhalle«** von 1892 Speisen und Getränke wie in alten Tagen genießen.

**Rosenborg Slot 36

Am Rande der Grünanlage Kongens Have steht Rosenborg Slot. 1606 bis 1617 im Stil der niederländischen Renaissance errichtet, beherbergt es Zimmer, die an die Regenten von Christian IV. (ab 1588) bis Frederik VII. (bis 1863) und deren Stilepochen erinnern. Hier sind auch die Kronjuwelen ausgestellt, u. a. die Goldkrone, mit der zwischen 1670 und 1839 alle Könige gekrönt wurden. Sie hat ein Gesamtgewicht von 2080 g und ist mit zwei geschliffenen Granatedelsteinen sowie zwei Saphiren besetzt (www.rosenborg slot.dk, Juni–Aug. tgl. 10–17, Mai, Sept., Okt. tgl. 10–16, Nov.–April Di–So 11–16 Uhr).

Nørrebro

Der nordwestlich des Zentrums gelegene Stadtteil hat sich zu einem der beliebtesten Ausgehviertel der Stadt entwickelt. Bevor man sich ins Nachtleben stürzt, sollte man sich aber ***Assistens Kirkegård** 39 ansehen. Auf dem parkähnlichen Friedhof fanden einige bekannte Dänen ihre letzte Ruhestätte, u. a. der Philosoph Søren Kierkegaard, der Schriftsteller Martin Andersen Nexø, der Physik-Nobelpreisträger Niels Bohr und der Märchendichter Hans Christian Andersen (Kapelvej 2, im Sommer tgl. 8–20, Nov.–Feb. bis 16 Uhr, sonst bis 18 Uhr).

**Statens Museum for Kunst 37

Jenseits der Kreuzung von Øster Voldgade und Solvgade erstreckt sich im Park Østre Anlæg der Komplex des Statens Museum for Kunst. Das Kunstmuseum präsentiert das Kupferstichkabinett sowie Malerei und Plastik seit dem 14. Jh., von den Skagen- und Fünenmalern über Cranach und Tizian bis zu Nolde oder Picasso (www.smk.dk, Di–So 10–17 Uhr).

Echt gut! Kinder lernen im angeschlossenen **Børnenes Kunstmuseum** in speziell für sie zusammengestellten Ausstellungen Kunstwerke kennen und können in der Museumswerkstatt eigene erschaffen (bis 16 Jahre Eintritt frei).

*Hirschsprungsche Sammlung 38

Etwas nördlich vom Kunstmuseum zeigt die Hirschsprungsche Sammlung in erster Linie dänische Malerei des 19. Jhs. und des frühen 20. Jhs. (Stockholmsgade 20, Mi–Mo 11–16 Uhr).

Karte Seite 54

Durch die westlichen Viertel

– 7 – Hauptbahnhof › Tycho Brahe Planetarium › Frederiksbergs Have › Carlsberg-Brauerei

Dauer: 4 Std.

Praktische Hinweise: Mit dem Planetarium und dem Zoo stehen gleich zwei große Attraktionen für Kinder auf dem Programm. Im Stadtteil Vesterbro bieten sich viele Gelegenheiten für den Kaffee zu Beginn wie für ein gutes Essen zum Ausklang der Tour.

Vesterbro ist das Kreuzberg Kopenhagens. Wo früher die Fleischer wohnten, haben heute Einwanderer, Studenten und Künstler eine preisgünstige Bleibe gefunden. In den letzten Jahren hat sich eine lebhafte Kneipen- und Kunstszene entwickelt und allmählich entdecken die Besserverdiener das zentral gelegene Viertel für sich. Unmittelbar an Vesterbro schließt **Frederiksberg** an. Obwohl nur wenige Kilometer vom Stadtzentrum Kopenhagens entfernt, ist Frederiksberg eine eigenständige Stadt.

Tycho Brahe Planetarium 40

Das futuristisch anmutende Planetarium ist mit modernster Technik ausgestattet. Auf der 1000 m² großen Leinwand werden Sternreisen geboten, aber auch Filme im IMAX-Format und 3D-Kino (Gammel Kongevej 10, www.tycho.dk, 10.30–21 Uhr).

Københavns Bymuseum 41

Das Museum befasst sich v.a. mit der Geschichte Kopenhagens. In die Jahre zwischen 1850 und 1940 zurückversetzt fühlt man sich im angrenzenden Museumsstraßenzug Absalonsgade mit historischen Kiosken, Laternen und Hydranten (Vesterbrogade 59, www.bymuseum.dk, Mo–Sa 10–16, So 10–21 Uhr).

Frederiksbergs Have

Der Park ist die größte Sehenswürdigkeit von Frederiksberg. Das gleichnamige Schloss ist heute eine Militärakademie. Sehenswert ist der ***Zoo** 42, der derzeit modern umgestaltet wird. Bestes Beispiel ist das neue **Elefantenhaus**, das Stararchitekt Norman Foster gestaltet hat (Roskildevej 32, www.zoo.dk, April–Okt. tgl. 9–17, Nov.–März 9–16 Uhr).

Echt gut!

Hip: die Karriere-Bar in Vesterbro

*Carlsberg-Brauerei 43

Die Gebäude der Brauerei sind Beispiele für die Industriearchitektur Ende des 19. Jh. Das Besucherzentrum liegt in Valby, südlich von Federiksberg (Gamle Carlsberg Vej, Di–Sa 10–16 Uhr, Buslinie 6 ab Rathausplatz).

Info

■ **Copenhagen Right Now**
Vesterbrogade 4 A
Tel. 70 22 24 42][Fax 33 12 97 23
Zentrale Tourist-Information.

■ **Wonderful Copenhagen**
Gammel Kongevej 1
Tel. 33 25 74 00][Fax 33 25 74 10
www.visitcopenhagen.dk

■ **Copenhagen this week**
www.ctw.dk
Monatliches Magazin mit Adressen, Öffnungszeiten und Veranstaltungen.

Verkehrsmittel

Die meisten Sehenswürdigkeiten erreicht man bequem zu Fuß oder mit einem der kostenlosen Fahrräder, die man überall im Zentrum ausleihen kann. Kopenhagen verfügt über ein hervorragend ausgebautes öffentliches **Nahverkehrssystem** aus Stadtbussen, U-Bahnen und S-Bahnen. Hierfür gibt es günstige Mehrfach- (Rabattkort) und 24-Stunden-Netztickets. Ausgebaut werden die Linien der vollautomatischen U-Bahn (Minimetro; tgl. 5–1 Uhr). 2008 wurde die Kopenhagener U-Bahn anlässlich der internationalen Metrorail-Konferenz zur besten der Welt gewählt.

Für den **Transfer vom Flughafen** zum Zentrum benötigt die M 2 ganze 15 Minuten. Dieser ist auch an das Bahn- und S-Bahn-Netz angeschlossen. Vom Bahnhof und von wichtigen Hotels verkehren außerdem Bus-Shuttles.

Echt gut

Die **Copenhagen Card** gewährt für 1 bzw. 3 Tage u. a. freie Fahrt mit Bussen und Bahnen, freien Eintritt in ca. 60 Museen und Rabatt in bestimmten Restaurants. Diese kann man auch im Voraus kaufen: www.copenhagencard.dk

–7–
Durch die westlichen Viertel

40 Tycho Brahe Planetarium

41 Københavns Bymuseum

42 Zoo

43 Carlsberg-Brauerei

Karte
Seite 44

Hotels

Copenhagen Admiral Hotel
Tolboldgade 24–28
Tel. 33 74 14 14][Fax 33 74 14 16
www.admiralhotel.dk
Ausgezeichnetes Hotel in einem alten Lagerhaus von 1780: Viel Atmosphäre direkt am Hafen. ●●●

Le Méridien Palace Hotel
Raadhuspladsen 57
Tel. 33 14 40 50
www.palacehotel.dk
Luxushotel im Zentrum. Nach der umfangreichen Renovierung erstrahlt es seit 2009 in neuem Glanz. Herrlich sind die Mosaiken im Turm. ●●●

SAS Royal Hotel
Hammerichgade 1
Tel. 33 42 60 00
www.radissonsas.com
Hotel im Stil der 1960er-Jahre, behutsam modernisiert. Zimmer 606 wurde im Design von Dänemarks Stararchitekt Arne Jacobsen belassen. ●●●

Ibsens Hotel
Vendersgade 23
Tel. 33 13 19 13][Fax 33 13 19 16
www.ibsenshotel.dk
Gemütliches Stadthotel mit individuellem Service in zentraler, schöner Lage nahe der Seen. ●●–●●●

Hotel Fox
Jarmers Plads 3
Tel. 33 13 30 00
www.hotelfox.dk
Individuelle Zimmer gewünscht? 21 Künstler haben hier die Räume gestaltet. Unterschiedlicher geht's nicht. ●●

Cabinn City
Mitchellsgade 14
Tel. 33 46 16 16][Fax 33 46 17 17
www.cabinn.com
Ordentliches Hotel, das zudem zentral und in Hafennähe gelegen ist. ●

Alpen-Style im Hotel Fox

Danhostel Copenhagen City
H. C. Andersens Boulevard 50
Tel. 33 11 85 85][Fax 33 11 85 88
www.danhostel.dk
Größte Cityjugendherberge Europas mit mehr als 1000 Betten. Zentrale Lage in der Nähe des Hauptbahnhofs. ●

Restaurants

Els
Store Strandstræde 3
Tel. 33 14 13 41
Hervorragende dänische und französische Küche, sehr romantisch. ●●●

Kong Hans Kælder
Vingårdsstræde 6
Tel. 33 11 68 68
Gehört zur Topgastronomie des Landes. ●●●

Den Grønne Kælder
Pilestræde 48
Tel. 33 93 01 40
Hier kann man gut vegetarisch essen. Zentral nahe Østergade. ●●

Ida Davidsen
St. Kongensgade 70
Tel. 33 91 36 55
Die Smørrebrød sind legendär. ●●

Peder Oxe's Vinkælder
Gråbrødretorv 11
Tel. 33 11 00 77
Eine gastronomische Institution: Fleischspezialitäten, dazu ein köstliches Salatbuffet. ●●

Spiseloppen Christiania
Bådmandstræde 43
Tel. 32 57 95 58
Ausgezeichnete Küche in einem alten Depotgebäude am Rande des Freistaats Christiania. Mo geschl. ●●

Thorvaldsens Hus
Gammel Strand 34
Tel. 33 32 04 00
Klassisches Frokost mit kalten und warmen Leckereien. ●●

Pilegården
Pilestræde 44
Tel. 33 15 48 80
Typisches Frokost-Buffet: Deftig, dänisch, gut und preiswert. Mo–Sa 12–16 Uhr; abends nur Kneipe. ●

Nightlife

Jeweils rund drei Dutzend Lokale verschiedener Preisklassen bewirten in den Vergnügungsparks Bakken und Tivoli. Weniger touristisch ist das Viertel Nørrebro zwischen Blågårds Plads und Skt. Hans Torv, mit schönen Restaurants, netten Szenekneipen und vielen kleinen Spielstätten für Livemusik.

Café Krasnapolsky
Vestergade 10
Tel. 33 32 88 00
Seit langem ein Szenetreff mit leckeren Kleinigkeiten zur Frokostzeit.

Centralhjørnet
Kattesundet 18
Tel. 33 11 85 49
www.centralhjornet.dk
Die erste Gay-Kneipe der Stadt eröffnete bereits vor über 80 Jahren.

Copenhagen JazzHouse
Niels Hemmingsensgade 10
www.jazzhouse.dk
Traditionsreicher Treff der Jazzszene.

Karriere-Bar
Flæsketorvet 57-67
Tel. 33 21 55 09
www.karrierebar.com
Eine der trendigsten Locations in Kopenhagen: mit Restaurant und Kunstausstellungen. Die Lampen schuf der Künstler Olafur Eliasson. ●●

Echt gut

Nørrebro Bryghus
Ryesgade 3
Tel. 35 30 05 30
www.noerrebrobryghus.dk
In der Mikrobrauerei kann man die unterschiedlichsten selbstgebrauten Biersorten probieren.

Sofiekælderen
Sofiegade 1
Tel. 32 57 77 01
www.sofiekaelderen.dk
Bar und Club mit DJs und Live-Musik.

Woodstock
Vestergade 12
Tel. 33 11 20 71
Diskothek für alle, die beim legendären Festival schon auf der Welt waren.

Shopping

Asphalt
Istedgade 83
Junge Mode von Hanne Zachariassen.

Bitte Kai Rand
Lille Strandstræde 22
www.bittekairand.dk
Hochwertige dänische Mode.

Urbanite
Vesterbrogade 83
Wohnungsaccessoires von jungen dänischen Designern. Preisgünstig.

Schloss Frederiksborg in Hillerød

Seeland und Lolland

Nicht verpassen!

- Auf den Spuren Hamlets im Schloss Kronborg in Helsingør wandeln
- Eine Zeitreise zu den Wikingern in Roskilde unternehmen
- Kunstgenuss im Museum Louisiana erleben
- Eine Wanderung entlang der Kreidefelsen von Møn unternehmen
- Ein Rundgang durch Park, Museum und Schloss Frederiksborg

Zur Orientierung

Seeland ist die Hauptinsel Dänemarks. Nirgends im Königreich wohnen so viele Menschen wie hier. Kein Wunder, denn auf Seeland liegt auch die Hauptstadt **Kopenhagen** › S. 40. Als Urlaubsgebiet eignet sich die Region vor allem für Besucher, die sich für Kunst und Kultur interessieren. **Louisiana** › S. 62, das Museum für Moderne Kunst in Humlebæk, ist eines der schönsten seiner Art in Europa. **Helsingør** › S. 63 wartet mit seiner romantischen Altstadt und mit dem Hamletschloss Kronborg auf. Prinz Hamlet – den Shakespeare einem dänischen Prinzen nachempfand – war in Wirklichkeit zwar ebenso wenig auf Kronborg wie der Schriftsteller selbst, doch das tut dem Bekanntheitsgrad des Schlosses keinen Abbruch.

Schloss Frederiksborg: Audienzsaal

Generell ist die Insel das Land der Schlösser und Burgen. Abgesehen von den Schlössern in Kopenhagen sind vor allem **Fredensborg** und **Frederiksborg** erwähnenswert. Letzteres gilt als schönstes Renaissanceschloss des Landes und beheimatet heute das Nationalhistorische Museum.

Die Schlösser im Süden von Seeland sind zwar weniger spektakulär als in Nordseeland. Dafür gibt es hier viele nette Städtchen, die den typisch dänischen Charme ausstrahlen.

Ideal ist Seeland für Urlauber, die Südschweden mit in ihr Besuchsprogramm aufnehmen wollen. Seit dem Bau der Øresundbrücke lässt sich ein Ausflug ins Nachbarland problemlos mit den Ferien in Seeland verbinden.

Die Inseln **Lolland** › S. 74 und **Falster** sind durch eine Brücke mit ihrer nördlichen Schwester verbunden. Viele Urlauber kennen sie nur von der Durchreise. Tatsächlich sucht man hier vergebens nach spektakulären Attraktionen und auch gute Badestrände sind rar gesät. Trotzdem empfiehlt sich ein Besuch. Es sind gerade die Kleinigkeiten, wie die mittelalterlichen Landkirchen oder die Ganggräber von Glentehøj und Kong Svends Høj, die unvergessliche Erlebnisse bereiten. Und dann ist da noch **Møn** › S. 72, die kleine

Insel zwischen Lolland und Seeland, die mit ihrer spektakulären Kreideküste dann doch ein echtes Highlight vorweisen kann.

Touren in der Region

Rundfahrt im Norden Seelands

8 Kopenhagen › Louisiana › Helsingør › Fredensborg › Frederiksborg › Roskilde › Kopenhagen

Dauer: 2–3 Tage
Praktische Hinweise: Schloss Kronborg ist in der Nebensaison montags geschlossen. Schloss Fredensborg kann nur im Juli im Rahmen einer Führung besichtigt werden.

Von Kopenhagen passiert man in Richtung Norden den ***Vergnügungspark Bakken** › S. 61 und das ***Karen Blixen Museum** › S. 62, begleitet von schönen Blicken auf den Öresund. In Humlebæk erwartet einen dann das Museum für Moderne Kunst ****Louisiana** › S. 62, europaweit eines der besten seiner Art. In ****Helsingør** › S. 63 locken die Altstadt und das Hamletschloss ***Kronborg, Weltkulturerbe der UNESCO. Zwei weitere sehenswerte Schlösser, ****Fredensborg** › S. 63 und vor allem ****Frederiksborg** › S. 61, folgen, bevor man schließlich ****Roskilde** › S. 66 erreicht. Die alte Königsstadt lohnt einen längeren Aufenthalt. Denn mit dem Dom erlebt man zum zweiten Mal auf dieser Tour Weltkulturerbe und auch das Wikingerschiffmuseum ist ein echtes Highlight. Von hier ist man mit dem Auto in einer halben Stunde wieder in Kopenhagen; auch Regionalzüge verkehren häufig.

Durch Lolland, Falster und Møn

9 Vordingborg › Maribo › Nykøbing Falster › Stege › Møns Klint

Dauer: 1–2 Tage
Praktische Hinweise: In der Nebensaison sind die Öffnungszeiten der Sehenswürdigkeiten in den kleinen Städten stark eingeschränkt. Ab Spätherbst sind manche Attraktionen sogar ganz geschlossen.

Die Rundfahrt führt abseits der üblichen Touristenroute durch den Süden. Nette Provinzstädtchen wie **Maribo** › S. 74 laden ebenso zu einem Halt ein wie die vielen Landkirchen auf Lolland. Die schönsten sind Løjtofte mit prächtigem Taufbecken, Nordlunde und Sandby. In **Nykøbing Falster** › S. 73 sind die Fachwerkhäuser im Zentrum sehenswert, aber auch das Middelaltercenter. Die Steilküste **Møns Klint** › S. 72 mit dem 129 m hohen Dronningestol ist zweifellos der Höhepunkt dieser Tour. Besonders schön ist hier ein Spaziergang am Fuß der Klippen sowie der Besuch des GeoCenter Møns Klint in Borre.

KATTEGAT
Oslo
Kullen
Mölle
SCHWEDEN
Höganäs
Hesselø
Århus, Ebeltoft (Jütland)
Gilbjerg Hoved
Gilleleje
10
9
Hornbæk
Helsingborg
Dronningmølle
Tisvildeleje
Tibirke
Helsingør
Helsinge
Fredensborg
8
7
Gniben
Sjællands Odde
Hundested
11
Frederiksværk
Humlebæk
6
Hillerød
4
Nivå
Rungsted
5
Rørvig
Højby
Nykøbing S.
Sejerø Bugt
Sejerø
13
Trundholm
Odsherred
12
Isefjord
Jægerspris
Hørsholm
Birkerød
Frederikssund
Sorgenfri
2
1
Bakken
3
Kongens Lyngby
Malmö, Rønne
Høve
Orø
Hornsherred
Nekselø
Skibby
Selsø
Ballerup
KØBENHAVN (KOPENHAGEN)
Dragsholm
Havnsø
Tuse
Holbæk
Samsø
Kalundborg
14
Glostrup
Roskilde
15
Taastrup
Lerchenborg
Ledreborg
Lejre
Arken Museum
28
Ishøj
Dragør
Tissø
Halleby
16
Skjoldenæsholm
See-
land
Reersø
Gørlev
Jystrup
Køge Bugt
Storebælt
Trelleborg
Køge
27
20
19
18
Sorø
17
Ringsted
Forlev
Slagelse
Stevns Klint
26
Fünen
Halsskov
21
Haslev
Dalby
Store Heddinge
Højerup
Sprogø
Korsør
Fensmark
Rønnede
22
Suså
Fakse
Rødvig
Skælskør
Næstved
23
Borreby
Menstrup
Sparresholm
Faks Ladeplads
Agersø
Stignæs
Ørslev
Vindbyholt
Karrebæksminde
Gavnø
Tappernøje
Omø
Fakse Bugt
Lohals
Smålandsfarvandet
Præstø
25
Nyord
Langeland
Knudhoved Odde
30
Møns Klint
Liselund
24
Vordingborg
9
Stege
Elmelunde
128
Dronningenstol
Fejø
Femø
Farø
Bogø
29
Møn
Langelandsbælt
Museumsstraße
Askø
Nørre Alslev
Fanefjord Kirke
Stubbekøbing
Tårs
Halsted
Eskilstrup
31
Næs
Grønsund
Bandholm
Safari-Park
36
Nakskov
Sakskøbing
Falster
Maribo
35
Nykøbing F.
32
Lolland
9
Nysted
Marielyst
Rødbyhavn
Ålholm
34
Femerbælt
Gedser
33
Seeland Lolland
0
30km
N
Puttgarden (Fehmarn)
Rostock

Unterwegs auf Seeland

*Vergnügungspark Bakken 1

Der Vergügungspark Bakken hat seinen Ursprung 1583 in der Entdeckung einer Quelle, die viele Menschen und in der Folge auch Händler und Straßenkünstler anzog. Damit ist es der älteste Freizeitpark der Welt. Hauptattraktion ist die 1 km lange Holzachterbahn von 1932 (Mitte März–Aug. tgl. 14–22 Uhr, www.bakken.dk).

Schloss Sorgenfri 2

Das Schloss wurde im 18. Jh. erbaut und ist noch heute im Besitz der Königsfamilie. Man kann es nicht besichtigen, der Schlosspark im englischen Stil ist zugänglich.

Kongens Lyngby 3

Die moderne Vorstadt – 15 km nördlich von Kopenhagen – überrascht mit Altstadtidylle rund um die Kirche. Attraktionen sind Kanufahrten oder Ausflüge mit Oldtimerschiffen auf den Seen Lyngby Sø, Bagsværd Sø und Füresø. Per Boot, aber auch auf der Straße, lässt sich ***Sophienholm** am Ufer des Bagsværd Sø ansteuern. Der Herrensitz wird heute für Kunstausstellungen genutzt (Nybrovej 401, www.sophienholm.dk, Di–So 11 bis 17 Uhr). Im Norden von Kongens Lyngby findet man die alte Textilfabrik ***Brede Værk**, heute ein Museum zu Industrialisierung und Kleidung (I. C. Modewegsvej, Juni–Aug. So 12–14 Uhr). Im **Frilandsmuseet**, dem größten Freilichtmuseum Dänemarks, spaziert man zwischen historischen Bauernhöfen des 17. und 19. Jhs. (Kongevejen 100, Mitte März–Okt. Di–So 10–17 Uhr).

Info

- **Lyngby Turist Information**
Lyngby Torv 5, Kongens Lyngby
Tel. 45 88 66 16][Fax 45 88 58 16
www.lyngbyturistinformation.dk

**Schloss Frederiksborg 4

Schloss Frederiksborg in **Hillerød** erreicht man von Kopenhagen aus bequem mit der S-Bahn. Wie vie-

8 **Rundfahrt im Norden Seelands** Kopenhagen › Louisiana › Helsingør › Fredensborg › Frederiksborg › Roskilde › Kopenhagen

9 **Durch Lolland, Falster und Møn** Vordingborg › Maribo › Nykøbing › Stege › Møns Klint

Karte Seite 60

le großartige Renaissancebauten geht es auf Christian IV. zurück. Heute beherbergt es das dänische Nationalhistorische Museum, das berühmt ist für seine Porträtsammlung. Beeindruckend ist die prunkvolle Schlosskirche im westlichen Teil des Königsflügels: Marmoreinlegearbeiten, Alabasterfiguren, Intarsien aus Ebenholz – hier wurden nur edelste Materialien verwendet. Auch eine Compenius-Orgel von 1610 kann man hier bewundern (www.frederiksborgmuseet.dk, Mitte März–Okt. tgl. 10–17 Uhr, sonst 11–15 Uhr).

*Karen-Blixen-Museum 5

Karen Blixen wurde in Deutschland als Tania Blixen bekannt. Ihr autobiografisch gefärbter Roman »Afrika, dunkel lockende Welt« diente als Vorlage für den Erfolgsfilm »Jenseits von Afrika«. Blixen wurde 1885 in **Rungstedlund** geboren. Mit 28 Jahren wanderte sie nach Kenia aus, wo sie fast 20 Jahre lebte, bevor sie 1931 wieder zurückkehrte. Das Haus der 1962 gestorbenen Autorin ist heute ein Museum (Rungsted Strandvej 111, www.karen-blixen.dk, Mai–Sept. Di–So 10–17, Okt.–April Mi–Fr 13–16, Sa, So 11–16 Uhr).

Echt gut!

Die schönsten Kunstmuseen

- Die **Ny Carlsberg Glyptotek** besitzt u.a. Nordeuropas größte Sammlung antiker Kunst. › S. 43
- Das **Statens Museum for Kunst** in Kopenhagen zeigt nordische Kunst vom 14. Jh. bis heute. › S. 52
- **Louisiana** in Humlebæk ist eines der schönsten Museen für moderne Kunst in Europa.
- Im Museum von **Skagen** sind die wichtigsten Werke der Skagen-Maler ausgestellt. › S. 111
- Das **Kunstmuseum Silkeborg** ist ein Muss für alle, die sich für abstrakte Kunst interessieren. › S. 118

2 **Louisiana 6

Das Museum für Moderne Kunst in **Humlebæk** ist eines der schönsten Kunstmuseen in Europa. Dänische wie internationale Kunst seit dem Zweiten Weltkrieg bilden den Schwerpunkt der eigenen Sammlung, regelmäßig ergänzt durch große Wechselausstellungen. Die Museumsbauten, die seit 1958 rund um eine Villa entstanden, sind ungewöhnlich homogen in einen zauberhaften Park direkt am Øresund eingefügt. Aus den lichtdurchfluteten Galeriegängen schweifen die Blicke immer wieder auf das Meer und in den Park mit modernen Skulpturen und alten Bäumen (Gl. Strandvej 13, www.louisiana.dk, tgl. 10–17 Uhr, Mi bis 22 Uhr).

Man sollte im Sommer seine Badesachen nicht vergessen: **Ein Seitenausgang führt direkt vom Park an einen kleinen Strand.** Echt gut!

Ab Kopenhagen erreicht man das Louisiana mit der Küstenbahn (Kombiticket: Fahrt plus Eintritt).

Karte Seite 60

**Schloss Fredensborg 7

Das 1726 vollendete Schloss wird im Frühjahr und im Herbst von der königlichen Familie bewohnt. Deshalb ist nur ein Teil des Parks immer zugänglich. Im Juli können auch die reservierten Bereiche des Parks und das Schloss im Rahmen von Führungen besichtigt werden. Das barocke Gesamtbild unterstreicht die 1992 nach alten Plänen restaurierte Schlossstraße (www.ses.dk, Park tgl. 9–17 Uhr, Schloss tgl. 13–16.30 Uhr).

Der Rittersaal im Schloss Kronborg

**Helsingør 8

Helsingør (44 000 Einw.) hat eine sehenswerte Altstadt mit vielen Häusern aus dem 16.–18. Jh. bewahrt. Ganz mittelalterlich blieb die Gasse Gl. Færgestræde erhalten. Bedeutendstes Bauwerk im Zentrum ist das gut erhaltene Karmeliterkloster aus dem frühen 16. Jh. mit der ***Skt. Mariæ Kirke.** Mitte des 17. Jhs. war hier der Komponist Buxtehude als Organist tätig.

Unumstrittene Hauptattraktion ist Schloss *****Kronborg,** das Shakespeare als Schauplatz seines »Hamlet« weltberühmt machte. Das zum Weltkulturerbe der UNESCO zählende Schloss ist eine der größten Sehenswürdigkeiten Dänemarks, die jährlich 200 000 Besucher anlockt. Hinter mächtigen Wällen bewacht die Renaissanceburg die Hafeneinfahrt. **Kapelle und **Rittersaal sind die schönsten Räume, in weiteren ist das *Handels- und Seefahrtsmuseum untergebracht. In den Kasematten schlummert der sagenumwobene Holger Danske, bis er zur Rettung Dänemarks gebraucht wird. Die Kanonen von Kronborg unterstrichen von 1429 bis 1857 nachdrücklich die Ansprüche der Dänen auf einen Sundzoll, den alle passierenden Schiffe berappen mussten (www.kronborgcastle.com, Mai–Sept. tgl. 10.30–17, sonst Di–So 11–15 bzw. 16 Uhr).

Dänemarks Technisches Museum ist im Süden Helsingors zu finden und präsentiert dort eine interessante Sammlung von historischen Automobilen, Motoren und über 30 Flugzeugen (Danmarks Tekniske Museum, Fabrikvej 25, www.tekniskmuseum.dk, Di–So 10–17 Uhr).

Info

■ **Helsingør Turistbureau**
Havnepladsen 3
Tel. 49 21 13 33][Fax 49 21 15 77
www.visithelsingor.dk

Hotels

■ **Comwell Borupgaard**
Nørrevej 80, Snekkersten
Tel. 48 38 03 33][Fax 48 38 03 99
www.comwell.com
Erste-Klasse-Hotel mit elegant-modernem Design im reetgedeckten Gutshof in einem grünen Vorort. ●●●

■ **Hamlet**
Bramstræde 5
Tel. 49 21 05 91][Fax 49 26 01 30
www.hotelhamlet.dk
Gutes Stadthotel nahe Schloss Kronborg mit empfehlenswertem Restaurant. ●●●

■ **Danhostel Helsingør »Villa Moltke«**
Ndr. Strandvej 24
Tel. 49 21 16 40][Fax 49 21 13 99
www.helsingorhostel.dk
Herberge in einem ehemaligen Herrschaftshaus nah am Wasser. ●

Camping

■ **Helsingør Camping**
Strandalleen 2
Tel. 49 28 12 12][Fax 49 28 12 10
www.publiccamp.dk/helsingoer
Gemütlicher kleiner Platz am Strand mit Aussicht auf Schloss Kronborg.

Seelands Nordküste

Das erste Seebad westlich von Helsingør ist **Hornbæk** **9** mit großem Jachthafen und ein wenig Fischerromantik. An der Nordspitze der Insel lockt **Gilleleje** **10** (5200 Einw.) als Touristenzentrum mit vielen Freizeitangeboten. Westlich des Ortes führt ein Spazierweg über die mehr als 30 m hohe Steilküste von Gilbjerg Hoved, die die Grenze zwischen Kattegat und Øresund markiert, zu schönen Aussichtspunkten. **Tisvildeleje** ist ein weiterer Badeort mit einladenden Stränden. Nach

Wild-romantische Küstenlandschaft bei Hornbæk

Westen schließt einer der schönsten Wälder Nordseelands an, **Tisvilde Hegn**, ein typischer Schutzwald gegen den verheerenden Sandflug. Etwas landeinwärts ist die einsam stehende Tibirke Kirke mit schönem gotischen Flügelaltar einziges Überbleibsel eines vom Flugsand zerstörten Dorfes.

Hundested 11

Im Ort hält das schön über der Kattegatküste gelegene Knud Rasmussen Hus die Erinnerung an den Arktisforscher sowie seine Aufsehen erregenden Expeditionen wach, bei denen er unter anderem den magnetischen Nordpol entdeckte (Mitte März–Mitte Okt. Di–Do 11–16 Uhr). Von hier fahren Autofähren nach Odsherred (www.hundested-roervig.dk).

Info

- **Turistbureau**
  Jernbanegade 8
  Tel. 47 93 77 88][Fax 47 93 78 67
  www.hundested-turist.dk

Restaurant

- **Lynæs Kro**
  Frederiksværkvej 6
  Tel. 47 98 01 81][Fax 47 93 86 66
  www.lynaes-kro.dk
  Gemütliches kleines Gasthaus in Hafennähe. ●●

Camping

- **Rosenholm Camping**
  Torpmaglevejen 58
  Tel. 47 92 30 49][Fax 47 92 30 41
  www.rosenholm-camping.dk
  Gut ausgestatteter Campinglatz mit Hütten und Wohnwagen. ●●

**Odsherred 12

Per Fähre geht es über die Isefjordmündung in das malerische **Rørvig** auf der Halbinsel Odsherred. Die alte Kulturlandschaft besitzt herrliche mittelalterliche Kirchen, Vorzeitgräber und liebevoll geführte volkskundliche Sammlungen. Viele Ferienhäusern und schöne Strände zählen zum Kapital dieses Landstrichs. Vom Ende der schmalen Landzunge Sjællands Odde verkehren laufend Fähren nach Jütland. ***Nykøbing Sjælland** heißt der gemütliche Hauptort von Odsherred.

Højby

Der kleine Ort besitzt eine romanische *Kirche, innen mit reichen Kalkmalereien geschmückt. Viel Spaß verspricht der große Vergnügungspark Sommerland Sjælland › Special S. 18 mit fünf Themenbereichen südlich des Ortes.

Hotel

- **Anneberg Vandrerhjem**
  Egebjergvej 162, Nykøbing Sj.
  Tel. 59 66 55 44][Fax 59 66 55 45
  www.annebergvandrerhjem.dk
  Herberge in einem Herrschaftshaus mit 12 Zimmern und eigenem Strand. ●

Trundholm 13

Im Moor von Trundholm wurde im Jahr 1902 der bronzezeitliche Sonnenwagen gefunden: eine vergoldete Sonnenscheibe auf sechs schmalen Rädern, gezogen von einem Pferd. Das Original steht im Nationalmuseum von Kopenhagen, eine Kopie im Heimatmuseum von Hørve.

Die Wikingerschiffe gefallen mit elegantem Design

Hotel

- **Dragsholm Slot**

Dragsholm Allé, Hørve
Tel. 59 65 33 00][Fax 59 65 30 33
www.dragsholm-slot.dk
Das über 800 Jahre alte Haus ist eines der imponierendsten Schlosshotels im Lande. Ab 1500 Staatsgefängnis saßen in den Kerkern von Dragsholm vor allem Missliebige aus besseren Familien. Heute nächtigen in den Luxuszimmern vor allem Besserbetuchte. Auch das Restaurant im alten Schlosskeller weiß zu überzeugen. ●●●

Kalundborg 14

Die mittelalterliche Residenzstadt Kalundborg (15 500 Einw.) ist heute ein bedeutender Industriestandort. Seit dem 12. Jh. wird das Zentrum von der markanten, fünftürmigen ****Vor Frue Kirke** überragt, deren Grundriss, ein griechisches Kreuz, in der dänischen Kirchenarchitektur einzigartig ist. Der Mittelturm des Ziegelbaus stürzte 1827 ein, wurde aber originalgetreu restauriert.

3 **Roskilde 15

Die Stadt diente den dänischen Königen lange als Residenz. Wie ein Bilderbogen zur Stilkunde wirkt *****Roskilde Domkirke**. Der heutige Bau geht auf Bischof Absalon (1154–1182) zurück, wurde aber erst im 13. Jh. fertiggestellt. Zehn Anbauten brachten Architekturvielfalt. Von Margarete I. (gest. 1412) bis Frederik IX. (gest. 1972) sind hier 38 dänische Monarchen beigesetzt (www.roskildedomkirke.dk. April–Sept. Mo–Sa 9–17, So 12.30–17, sonst Di–Sa 10–16, So 12.30–16 Uhr).

Ein Brückengang verbindet den Chor und das barocke Bischofspalais, **Palæet**, in dem heute moderne Kunst und eine kulturhistorische Sammlung zu bewundern sind (Mai–Sept. tgl. 9–20 Uhr).

***Lützhøfts Købmandsgård**, ein Kaufmannshof im Stil der 1920er-Jahre, bietet ein Warensortiment feil, das der damaligen Zeit entspricht (Ringstedgade 8).

Im ****Wikingerschiffsmuseum** am Roskilde Fjord sind fünf Wikingerschiffe ausgestellt, die um das Jahr 1000 als Sperre im Roskilde Fjord, 20 km nördlich der Stadt, versenkt worden waren. Auf dem Fjord kann man mit Wikingerschiffnachbauten aus der museumseigenen Werft fahren (Vindeboder 12, www.vikinge skibsmuseet.dk, tgl. 10–17 Uhr).

Info

■ **Roskilde Turistbureau**
Stændertorvet 1
Tel. 46 31 65 65][Fax 46 31 65 60
www.visitroskilde.com

Hotels

■ **Prindsen**
Algade 13
Tel. 46 30 91 00][Fax 46 30 91 50
www.hotelprindsen.dk
Elegantes Hotel im Zentrum. ●●●

■ **Scandic**
Søndre Ringvej 33
Tel. 46 32 46 32][Fax 46 32 02 32
www.scandic-hotels.com
Verkehrsgünstig im Süden gelegenes modernes Hotel. ●●–●●●

Camping

■ **Roskilde Camping**
Braunehøjvej 7–9
Tel. 46 75 79 96
www.roskildecamping.dk
Saisonplatz mit Hütten am Roskilde Fjord.

Restaurants

■ **Mumm**
Karen Olsdatters Str 9
Tel. 46 37 22 01
www.restaurantmumm.dk
Kleines Edelrestaurant im Stadtzentrum, Reservierung empfohlen. ●●

M/S Sagafjord
Museumsøen
Tel. 46 75 64 60
www.sagafjord.dk
Genießen Sie dänische und französische Küche bei einer Fjordschiffstour (Abfahrt: Juli–Aug. tgl. 12, 15, 19, Sept./Okt. Di–So 13, 18 Uhr). ●●

Lejre 16

Nahe dem Dorf Lejre arbeitet am Rand der Parkanlagen des üppig ausgestatteten Rokokoschlosses ***Ledreborg** (18. Jh.) das historisch-archäologische Versuchszentrum ****Lejre Forsorgscenter.** Hier werden Theorien über Vorzeitepochen, vor allem zur Eisenzeit, praktisch überprüft. Neben den Wissenschaftlern können auch Familien und Schulklassen zu Eisenzeitwerkzeugen greifen und mit Tieren unter einem Dach leben (Slangealleen 2, www.lejre-center.dk, Mai–Mitte Sept. Di–Fr 10–16, Sa, So 11–17 Uhr).

Ringsted 17

Ringsted (18 000 Einw.) zählte im Mittelalter zu den Großstädten des Landes und war Schauplatz der seeländischen Thingversammlungen. Als Teil eines Benediktinerklosters entstand um 1170 die ***Skt. Bendts Kirke.** Blickfang im Inneren sind mehrere Königsgräber und beachtliche Kalkmalereien, die ältesten aus dem 13. Jh., die jüngsten von 1916 (Mo–Fr 9–12, Do auch 16–19 Uhr).

Kinder fasziniert der Freizeitpark ***Fantasy World** 26 km südlich der Stadt. Ein Familienunternehmen aus Ringsted ist Europas bedeutendster Hersteller **mechanischer Schaufensterpuppen**, die man hier als Märchenfiguren in Aktion erleben kann (Gartnervej 4, Holme-Olstrup, www.fantasy-world.dk, tgl. 10–16 Uhr, Nov., Dez. nur Mi, Do, Sa, So).

Echt gut!

Hotel

■ **Skjoldenæsholm**
Skjoldenæsvej 106, Jystrup
Tel. 57 53 87 50][Fax 57 53 87 51
www.skj.dk
Der mitten im Wald gelegene neoklassizistische Herrensitz beherbergt heute ein edles Hotel mit feinem Restaurant. Rudermöglichkeiten in gutseigenen Seen und Seelands höchster Berg (126 m) in der Nachbarschaft. ●●●

*Sorø 18

Sorø (6600 Einw.) wuchs um ein Kloster, das die Zisterzienser nach 1161 errichteten. Vom ursprünglichen Bau existieren nur noch das Torhaus und die ***Kirche**, eines der bedeutendsten mittelalterlichen Gebäude Dänemarks. Nicht übersehen sollte man zwei interessante Kruzifixe: ein 8 m hohes von Claus Berg im Mittelschiff und im nördlichen Kreuzarm eines aus dem späten 13. Jh. Imposant wirkt das klassizistische Hauptgebäude am Seeufer (Akademigrunden 4, Mitte März–Mitte Sept. sowie Herbstferien Mo–Fr 10–16, Sa, So 12–16, sonst nur erster So im Monat 12–16 Uhr).

Slagelse 19

Mit knapp 40 000 Einwohnern ist Slagelse die größte Stadt im Südwesten Seelands. Hier verbrachte H. C. Andersen Teile seiner Jugend und besuchte die Lateinschule. Mit der Schulzeit Andersens befasste sich der dänisch Film »Unge Andersen« (2005) Die Filmkulissen findet man heute in der Ausstellung des **Slagelse Museum**, das außerdem eine Handwerkerstraße mit 12 Werkstätten und Markt sowie eine Lateinschule aus dem 19. Jh. zeigt (Bredegade 11, Sa, So 12–16 Uhr, Mitte Juni–Aug. auch Di–Do 12–16 Uhr).

**Trelleborg 20

Die Wikingerburg liegt 5 km westlich von Slagelse. Sie entstand 981 unter König Harald Blauzahn. Einst gab es in Dänemark vier solcher Burgen, aber nur Fyrkat › S. 127 ist ähnlich gut erhalten. Das Wikingerhaus am Eingang wurde originalgetreu rekonstruiert. (Trelleborg Allé 4, www.vest museum.dk, Juni–Aug. 10–17, April, Mai, Sept., Okt. 10–16 Uhr, Freier Eintritt für Kinder).

Korsør 21

Korsør (14 000 Einw.) ist Seelands traditioneller Brückenkopf nach Fünen. Früher standen die Winde nicht immer günstig für Überfahrten: Die beste Adresse, um besseres Wetter abzuwarten, war ab 1761 in der Algade der so ge-

Karte Seite 60

nannte **Kongsgården** (Königshof), wo früher auch die Könige einzukehren pflegten. Heute ist hier ein Kunst- und Kulturzentrum untergebracht. Von einer mittelalterlichen Burg an der Hafeneinfahrt stehen noch der Burgturm (z.T. 13. Jh.) sowie die Wirtschaftsgebäude, heute mit dem Stadtmuseum.

Skælskør 22

Der Ort (6000 Einw.) strahlt eine gemütliche Hafenstimmung aus. Die Haffs und Feuchtgebiete der Umgebung sind trotz der nahen Raffinerie ein Eldorado für Ornithologen. Vom Nachbarort Stignes kann man schöne Tagesausflüge zu den kleinen Inseln ***Agersø** (684 ha; 250 Einw.) und **Omø** (452 ha; 190 Einw.) unternehmen. Im Sommer fahren täglich Fähren in 15 bzw. 45 Minuten (www.faergevest.dk).

Ein kurzer Ausflug lohnt zu dem südlich gelegenen Herrensitz **Borreby,** das 1556 entstandene Haupthaus ist eines der besterhaltenen Renaissancegebäude Dänemarks. Besichtigt werden kann nur der schöne, im französischen Stil angelegte Park (Borrebyvej 47, Mai–Dez. tgl. 8–22 Uhr).

Restaurant

■ **Menstrup Kro**
Menstrup Bygade 29, Næstved
Tel. 55 44 30 03][Fax 55 44 33 63
www.menstrupkro.dk
Romantischer, 1788 erbauter Landkro mit exquisiter Küche auf halbem Weg zwischen Skælskør und Næstved. ●●

Schloss Borreby

*Næstved 23

Das alte Zentrum von Næstved (39 000 Einw.) ist zauberhaft. Im Viertel rund um den Akseltorv stehen einige der ältesten Stadthäuser Dänemarks aus dem 15. und 16. Jh. Die beiden mittelalterlichen Kirchen **Skt. Peders Kirke** und **Skt. Mortens Kirke** sind wegen ihrer ansehnlichen Kalkmalereien und feinen Holzschnitzereien sehenswert. Am Nordrand der Stadt hat die angesehene Internatsschule Herlufsholm (1560 von Admiral Herluf Trolle gegründet) ihren Sitz in einem ehemaligen Kloster. In der alten Klosterkirche von ca. 1200 gibt es ein einzigartiges Kruzifix, dessen Korpus aus Walrosselfenbein besteht. Im Süden lockt Schloss ***Gavnø** mit Parkanlagen, Gemäldesammlung

Der Chor der Højerup Kirke stürzte 1928 ins Meer

und Schmetterlingshaus (www.gavnoe.dk, April–Sept. tgl. 10–16 Uhr). Das Flüsschen **Suså**, das sich durch Næstved schlängelt, ist ein attraktives Kanurevier.

Info

■ **Næstved-Egnens Turistbureau**
Det Gule Pakhus, Havnen 1
Tel. 55 72 11 22][Fax 55 72 16 67
www.visitnaestved.com

Hotel

■ **Vinhuset**
Skt. Peders Kirkeplads 4
Tel. 55 72 08 07][Fax 55 72 03 35
www.hotelvinhuset.dk
Stilvolles Hotel in der Stadtmitte mit gutem Weinkeller. ●●–●●●

Camping

■ **De Hvide Svaner Camping**
Karrebækvej 741, Karrebæksminde
Tel. 55 44 24 15][Fax 55 44 24 29
www.dehvidesvaner.dk
Der Platz liegt ca. 9 km westlich von Næstved am Meer. Ganzjährig.

Shopping

■ **Holmegaard – Det Levende Glasværk**
Glasværksvej 54, Fensmark
www.detlevendeglasvaerk.dk
Die bekannte Glashütte Holmegaard zeigt in Schauwerkstätten und dem Museum seine Kunst der Glasherstellung. Im Fabrikverkauf gibt es die formschönen Produkte günstiger (Jan. Mo–Fr 10–16 Uhr, Febr.–Mitte Dez. tgl. 10–16, Juli–Mitte August bis 18 Uhr).

Vordingborg 24

Die Stadt (8600 Einw.) am Nordufer der Storstrømmen-Meerenge diente Valdemar dem Großen (1154–1182) als Stützpunkt bei seinen Zügen gegen die Wenden, und Valdemar Atterdag (1340–

1375) ließ eine Befestigungsanlage bauen, um gegen dic Hanse gerüstet zu sein. Teile der Burgmauer und der 26 m hohe ***Gåsetårn** (Gänseturm) sind erhalten.

Seelands Ostküste

Nördlich der Kleinstadt **Præstø** 25 geht es erst am Ufer des Præstø Fjord und später den Küstenverlauf der Fakse Bugt entlang nach Fakse Ladeplads, einem Hafenort mit gern besuchten Stränden.

Bald darauf beginnen die Kreideklippen ***Stevns Klint** 26. Dramatisch ist die Szenerie an der alten ****Kirche von Højerup:** 1928 stürzte ihr Chor ins Meer, der Rest steht noch auf der Klippe.

Store Heddinge besitzt ebenfalls eine sehenswerte ***Kirche**, die ursprünglich romanisch war, dann aber mehrfach umgebaut wurde – ein für Dänemark einzigartiges Bauwerk mit achteckigem Schiff und einem Chor, in dessen Mauerwerk im zweiten Stock ein Galeriegang mit schönen Säulenöffnungen Platz hat.

Køge 27

Ihre Lage begünstigt die alte Hafenstadt (33 000 Einw.). Noch aus dem frühen 16. Jh. datieren mehrere ansehnliche Fachwerkbauten rund um den gemütlichen Marktplatz Torvet. Auf jeden Fall sollte man das Haus in der Kirkestræde 20 besuchen. Es wurde 1527 erbaut und ist damit das älteste Fachwerkhaus Dänemarks.

Das ***Kunstmuseet Køge Skitsesamling** dokumentiert die Entstehung großer Denkmäler und moderner Kunst am Bau. Die Sammlung besteht aus mehr als 12 000 Skizzen, darunter auch die Vorzeichnungen Bjørn Nørgaards für seine Pop-Gobelins › S. 43 (Nørregade 29, Di–So 10–17 Uhr).

Info

■ **Køge Turistbureau**
Vesterg. 1
Tel. 56 67 60 01][Fax 56 65 59 84
www.visitkoege.com

Hotel

■ **Hvide Hus**
Strandvejen 111
Tel. 56 65 36 90][Fax 56 66 33 14
www.hotelhvidehus.dk
Modernes Hotel beim Strand der Køge Bucht. Die Zimmer sind in dänisch-minimalistischem Design gehalten. ●●●

Restaurant

■ **Guldfisken**
Havnen 21
Tel. 56 65 01 86
Urige Seemannskneipe am Hafen. ●●

**Arken Museum für Moderne Kunst 28

Unweit des Jachthafens von Ishøj ist das Museum Arken zu finden. Man braucht nur wenig Fantasie, um in seiner modernen Architektur die Arche zu erkennen. Spektakulär ist die Sammlung internationaler und skandinavischer Kunst, u. a. mit Werken von Olafur Eliasson, Damien Hirst und Bill Viola (www.arken.dk, Di–So 10–17 Uhr, Mi bis 21 Uhr).

Unterwegs auf Møn und Falster

Møn 29

Hauptattraktion der Insel Møn ist der 128 m hohe ****Dronningenstol** (Königinnenstuhl), der »Gipfel« der imposanten, 12 km langen Kreideklippen ****Møns Klint.** Spazierwege führen über die Klippen und zu ihren Füßen entlang. Die Sicherheitshinweise sollte man unbedingt beachten. Mit etwas Glück lassen sich Versteinerungen finden, die aus der 75 Mio. Jahre alten Kreide herausbrechen.

Nördlich von Møns Klint steht das reetgedeckte Miniaturschlösschen ***Liselund** (von 1792). Im Schlosspark verstecken sich, für Tête-à-têtes gebaut, ein Norwegisches Haus, eine Schweizer Hütte und eine Chinesische Lustlaube.

Jedes Jahr werden Ende Juli im Park von Liselund **Klassik-Schlosskonzerte** mit bekannten Sängern veranstaltet (Infos beim Møn Turistbureau).

Echt gut

Auf Møn gibt es außerdem alte Kulturschätze zu entdecken: prähistorische Großsteingräber und Kirchen, deren Kalkmalereien zu Nordeuropas besten zählen. Ein Schöpfer dieser mittelalterlichen Kunst trägt sogar den Namen einer Inselkirche: der Elmelunde-Meister, dessen Fresken man in

Hoffentlich lässt das Meer sich Zeit, bis es sich Møns Klint zurückholt

Karte Seite 60

der **Elmelunde Kirke**, der ***Kelby Kirke**, und der ****Fanefjord Kirke** bewundern kann.

In Møns Hauptort **Stege** blieb das Stadttor Mølleporten als Rest einer Burgmauer vom 16. Jh. erhalten.

GeoCenter Møns Klint 30

In unmittelbarer Nähe der Kreideklippen, in Borre hat 2007 das **GeoCenter** eröffnet. Das Geologie- und Naturzentrum informiert über 70 Mio. Jahre geologische Entwicklung der Kreidefelsen und Dänemarks. Aber auch Flora und Fauna kommen, z. B. mit dramatischen Saurier-Modellen, nicht zu kurz (www.moensklint.dk, Juli, Aug. tgl. 10–18, Mitte März–Juni, Sept., Okt. tgl. 10–17 Uhr).

Info

Møn Turistbureau
Storegade 2, Stege
Tel. 55 86 04 00][Fax 55 81 48 46
www.visitmoen.com

Falster

Stubbekøbing 31

Stubbekøbing war im Mittelalter ein wichtiges Handelszentrum. Heute ist es ein gemütliches Städtchen mit schöner Altstadt und einer Kirche aus dem 12. Jh. Ungewöhnlich ist die Sammlung des **Motorrad- und Radiomuseums** mit über 150 Zweirad-Oldtimern und historischer Rundfunk- und Tontechnik (Nykøbingvej 52, Juni–Aug. Di–So 10–17 Uhr, Sept. Sa, So 10–17 Uhr).

Nykøbing Falster 32

Der Hauptort der Insel Falster (16 000 Einw.) ist für seine Zuckerfabriken bekannt. Zu den liebevoll bewahrten Fachwerkhäusern aus dem 16.–18. Jh. gehört **Czarens Hus**. Zar Peter der Große stand hier 1717 unerwartet in der Gaststube, in der man noch heute bewirtet wird.

Am anderen Ufer des Guldborg Sund liegt das ****Middelaldercentret**. Auf einem großen Freigelände direkt am Wasser führen Handwerker in für das 14. Jh. typischen Werkstätten mittelalterliche Handwerksmethoden vor. Und auch Ritter fehlen hier nicht. Außerdem kann man eine rekonstruierte Steinschleuder in Aktion erleben (www.middelaldercentret.dk, Mai–Ende Sept. tgl. 10–16 Uhr, Mai und Sept. Mo. geschl.).

Gedser 33

Nahe dem Fährhafen Gedser markiert ein viereckiger Leuchtturm Dänemarks südlichsten Landflecken Gedser Odde. Von dort zieht sich über 20 km ein kinderfreundlicher Sandstrand an Falsters Ostküste entlang. Kein Wunder, dass hier **Marielyst** zu einer Ferienhausmetropole mit gut 5000 Häusern aller Kategorien heranwuchs.

Hotel

Nørrevang
Strandvej 32, Marielyst
Tel. 54 13 62 62][Fax 54 13 62 72
www.norrevang.dk
Gutes Hotel mit Toprestaurant im malerischen Fachwerkhaus. ●●–●●●

Unterwegs auf Lolland

Nysted 34

Das schmucke Hafenstädtchen an der Südküste (2000 Einw.) wird vom Schloss Ålholm geprägt (Teile von ca. 1300). Nahe dem Schloss ist das **Automobil-Museum** zu finden. Mit ca. 200 Oldtimern, meist aus der Zeit vor 1935, ist die Sammlung eine der größten Europas (Aalholm Parkvej 17, www.aalholm.dk, April–Ende Okt. tgl. 10–16, Juni–Aug. bis 17 Uhr).

Maribo 35

Das nette Provinzstädtchen (5700 Einw.) liegt im Zentrum eines kleinen Seengebiets. Hier befasst sich ein ***Freilichtmuseum** anschaulich mit ländlicher Kultur. In der dreischiffigen ***Domkirche** von 1470 ist Leonora Christina (1621–1698) begraben. Die Lieblingstochter Christians IV. war vom Schicksal mit einem intriganten Gatten und 22 Jahren Festungshaft gestraft. Ihre Biografie »Jammers Minde« ist ein Klassiker der dänischen Literatur.

Im Sommer dampft eine Oldtimerbahn von Maribo in das nördlich gelegene **Bandholm**. Dort tummeln sich im ***Knuthenborg Safari-Park** exotische Tiere aus aller Welt (www.knuthenborg.dk, Ende April–Mitte Sept. tgl. 10–16/17 Uhr, Mitte Sept.–Mitte Okt. nur Sa, So, anschließend bis Mitte Dez. nur So 11–15 Uhr).

Echt gut!

Info

Maribo Turistbureau
Det gamle Rådhus
Tel. 54 78 04 96][Fax 54 78 01 96
www.turistlolland.dk

Hotel

Maribo Søpark
Vestergade 29
Tel. 54 78 10 11][Fax 54 78 05 22
www.maribo-soepark.dk
Modernes Hotel im Grünen am See mit günstigen Sommerpreisen. ●●–●●●

Camping

Maribo Sø Camping
Bangshavevej 25
Tel. 54 78 00 71][Fax 54 78 47 71
www.maribo-camping.dk
Mit Hütten und Fahrradverleih. ●●

Nakskov 36

Die Werftstadt Nakskov (15 000 Einw.) gefällt mit einigen historischen Gebäuden. Wichtigste Sehenswürdigkeit ist die gotische St.-Nikolai-Kirche aus dem 15. Jh., deren Vorgängerbau aus dem 13. Jh. in Teilen erhalten blieb.

Hotel

Harmonien
Nybrogade 2
Tel. 55 95 91 90][Fax 54 95 91 30
www.hotel-harmonien.dk
Komfortables Hotel mit vorzüglichem Restaurant. ●●

Prachtvoll: Schloss Egeskov

Fünen

Nicht verpassen!

- Sonnenbaden an den Stränden von Langeland
- Ein Spaziergang auf H. C. Andersens Spuren durch Odense
- Nach Egeskov zu einem der schönsten Renaissanceschlösser des Landes
- Ein Schiffsausflug auf die kleine Insel Æro
- Einen Rundgang durch die Altstadt von Svendborg mit anschließendem Bier in einer Kneipe

Zur Orientierung

Fünen ist zwar die drittgrößte Insel Dänemarks. Trotzdem lässt sie sich relativ schnell erschließen. Für eine Rundfahrt durch Südfünen reicht im Prinzip ein Tag aus, dann bleibt allerdings keine Zeit für einen der beliebten Ausflüge auf die Inseln im Süden. Und auch das Zentrum von Fünen, Odense, lässt sich dann nur im Galoppschritt erleben. Wer also das Ganze etwas geruhsamer angehen möchte, sollte zwei oder gar drei Tage einplanen. Zu besichtigen gibt es genug, denn die Insel ist übersät mit Burgen, Schlössern und alten Herrenhäusern. Nach **Odense** › S. 78 fahren vor allem Fans des Märchenkönigs: Denn dort wurde Hans Christian Andersen geboren, und dort hat er auch seine Jugend verbracht. Doch die Stadt bietet noch viel mehr. Unbedingt besuchen sollte man Brandt´s Klædefabrik, die einstige Textilfabrik ist heute ein beliebtes Kunst- und Kulturzentrum. Und auch das Freilichtmuseum Den Fynske Landsby mit seinen Inselhäusern aus dem 17.–19. Jh. lohnt einen Besuch.

Ein Höhepunkt der Reise ist ein Ausflug auf eine der **vorgelagerten Inseln** › S. 83 südlich von Fünen. Abseits der Hauptinsel geht das Leben hier einen ruhigeren Gang – ideal für alle, die mal so richtig ausspannen wollen. Besonders schön ist **Ærø** mit ihren pittoresken Städtchen.

Tour in der Region

Südfünen für Schlösserfans

(10) **Odense › Kerteminde › Nyborg › Lindeskov › Egeskov › Svendborg › Faaborg › Assens › Vissenberg › Odense**

Dauer: 2–3 Tage
Praktische Hinweise: Das H.C. Andersen Hus in Odense ist in der Nebensaison montags geschlossen. Schloss Egeskov hat von Oktober bis April geschlossen.

Die Insel ist etwas für Schlösserfans. Auf Fünen liegen nämlich unglaubliche 123 Schlösser. Von diesen kann man bei Weitem nicht alle von innen besichtigen. Viele sind in Privatbesitz, andere wurden nobel hergerichtet und zum Hotel umgebaut. Dort kann man sich den Besuch immerhin mit einer luxuriösen Übernachtung erkaufen › S. 23. Oftmals lohnt aber bereits ein Blick von außen oder ein Bummel durch den Schlosspark.

Start- und Zielpunkt der Rundfahrt ist **Odense** › S. 78, die wichtigste Stadt auf Fünen. In **Nyborg** › S. 87 mit seinem reizenden historischen Stadtbild sollte man sich die Sommerkonzerte auf dem alten dänischen Königsschloss Nyborg Slot (12. Jh.) nicht entgehen lassen.

Ein weiterer Höhepunkt ist dann **Egeskov** › S. 86, das schönste Schloss der Insel, wo man einen ganzen Tag verbringen kann, ohne sich zu langweilen. Auf Besucher warten außerdem Broholm Gods bei Gudme östlich von Egeskov und die barocke Anlage von **Valdemars Slot** › S. 85 südlich von Svendborg auf der Insel Tåsinge. Hier kann man sogar heiraten.

(10) **Südfünen für Schlösserfans** **Odense › Kerteminde › Nyborg › Lindeskov › Egeskov › Svendborg › Faaborg › Assens › Vissenberg › Odense**

Unterwegs auf Fünen

4 **Odense 1

Die Universitätsstadt (158 000 Einw.) bildet das Zentrum der Insel Fünen. Aus einer Kultstätte für den nordischen Hauptgott Odin hervorgegangen, wird Odense 988 erstmals erwähnt. 1086 wird in der damaligen Skt. Albani Kirke König Knud ermordet. Seine Heiligsprechung macht Odense zum Wallfahrtsort. Der Bau eines Hafens 1804 bringt wirtschaftlichen Aufschwung.

Zentrum und Altstadt

Einen Spaziergang durch die liebevoll gepflegte Altstadt Odenses kann man beim **Rådhus** Ⓐ beginnen. Südlich ragt die gotische ***Skt. Knuds Kirke** Ⓑ auf. Den figurenreichen vergoldeten Prachtaltar schuf der gebürtige Lübecker und Wahlodenser Claus Berg anno 1521. In der Krypta befinden sich Königsgräber (16. Jh.) und Reliquien des Heiligen Knuds (Klosterbakken 2, April–Okt. tgl. 10–17, Nov.–März 10–16 Uhr).

Bescheiden ist das kleine Fachwerkhaus **H. C. Andersen Barndomshjem** Ⓒ, wo H. C. Andersen vom 2. bis zum 14. Lebensjahr seine ärmliche Kindheit verbrachte (Munkemøllestræde 3–5, Juli, Aug. tgl. 10–16, Sept.–Juni Di–So 11–15 Uhr).

Der Münzhof ***Møntergården** Ⓓ ist ein Komplex von Fachwerkbauten aus dem 16./17. Jh., in dem das stadthistorische Museum und eine sehr gute Münzsammlung untergebracht sind (Overgade 48, Di–So 10–16 Uhr).

Der Märchenmann

Überall in Odense stößt man auf den Namen Hans Christian Andersen, der selbst die Kürzelform H. C. Andersen bevorzugte. Über 150 Märchen hat er geschrieben, kaum ein Schriftsteller wurde so oft übersetzt wie er.

Um seine Person ranken sich Legenden, weil das frühe 19. Jh. seine Karriere vom Unterklassenkind zum gefeierten und hofierten Literaten eigentlich nicht zuließ: Mal gilt er als unehelicher Spross von König Christian VIII., mal ist er nur von einem Adeligen gezeugt. Die Fakten: Andersen wird am 2. April 1805 in Odense geboren und wächst in ärmlichsten Verhältnissen auf. Mit 14 reist er nach Kopenhagen und versucht sich als Schauspiel- und Ballettschüler am Königlichen Theater. Als Märchendichter schafft der Ehrgeizige dann den Durchbruch, während seine anderen literarischen Arbeiten sowie seine Zeichnungen und Scherenschnitte kaum bekannt sind. Der 1875 verstorbene Dichter liegt zwar in Kopenhagen begraben, doch die wichtigsten Erinnerungen an den berühmtesten Dänen aller Zeiten hat sich Odense gesichert.

Karte
Seite 80

H. C. Andersens Geburtshaus in schlichtem Fachwerkstil

Ganz in der Nähe befindet sich das sorgfältig restaurierte einstige Armenviertel. Hier widmet sich das **Carl Nielsen Museum** Ⓔ dem Leben und Werk des gleichnamigen Komponisten (1865–1931), der Odenses zweitberühmtester Sohn ist (Claus Bergs Gade 11, Juni–Aug. Fr–So 12–16, Sept. bis Mai Mo–Mi 14–17 Uhr).

An den berühmtesten erinnert das ****H. C. Andersen Hus** Ⓕ. Sein Geburtshaus ist eine regelrechte Kultstätte für Fans des Märchendichters mit Briefen, persönlichen Gegenstände, Andersen-Ausgaben aus aller Welt und einer Hörbibliothek (Bangs Boder 29, www.odmus.dk, Juli–Aug. tgl. 9–18, sonst Di–So 10–16 Uhr).

*Jernbanemuseet Ⓖ

Das Eisenbahnmuseum in einem alten Lokomotivschuppen ist stolz auf die sehenswerten alten Lokomotiven und vor allem auf mehrere ehemalige Salonwagen dänischer Könige (Dannebrogsgade 24, www.jernbanemuseet.dk, tgl. 10 bis 16 Uhr).

**Brandt's Klædefabrik Ⓗ

Die ehemalige Textilfabrik entwickelte sich in jüngster Zeit zu einer wichtigen Kulturattraktion: Die ***Kunsthalle** erregt hier mit ihren Wechselausstellungen Aufsehen und im **Druckerei- und Pressemuseum** werden werktags Satz- und Drucktechniken vorgeführt. Auch ein ***Museum für Fotokunst** gibt es hier. Ein Programmkino, eine Openair-Bühne und mehrere Lokale machen den Komplex zu einem lebendigen Kulturtreff fast rund um die Uhr (Brandts Passage 37–43, www.brandts.dk, Kernöffnungszeit der Museen: tgl. 10–17 Uhr, Sept. bis Juni meist Mo geschl.).

Südlich des Zentrums

Weiter südlich erreicht man den Anleger der **Odense Åfart** **I**. Eine Bootsfahrt (www.aafart.dk, Mai–Mitte Sept. 10–17 Uhr stdl.) ist die schönste Art, Odenses **Zoo** (Søndre Boulevard 306, www.odensezoo.dk, tgl. 10–16, sommers bis 18 Uhr) oder das Freilichtmuseum ***Den Fynske Landsby** **J** zu erreichen. 30 ländliche Gebäude sind in diesem fünischen Dorf aufgebaut (Sejerskovvej 20, Juli–Mitte Aug. tgl. 10–19, April–Juni,

A Rådhus	**D** Møntergården	**G** Jernbanemuseet	**J** Den Fynske Landsby
B Skt. Knuds Kirke	**E** Carl Nielsen Museum	**H** Brandt's Klædefabrik	**K** Museumscenter Hollufgård
C H. C. Andersen Barndomshjem	**F** H. C. Andersen Hus	**I** Odense Åfart	

Mitte Aug.–Mitte Okt. Di–So 10–17, sonst So, Fei 11–15 Uhr).

Ca. 8 km südlich des Zentrums steht das ***Museumscenter Hollufgård** Ⓚ (Hestehaven 201) mit Skulpturenpark und Museum zur Früh- und Vorgeschichte Fünens.

Infos

■ **Odense Turist Bureau**
Rathaus, Odense
Tel. 66 12 75 20][Fax 66 12 75 86
www.visitodense.com

Hotels

■ **Clarion Hotel Plaza**
Østre Stationsvej 24
Tel. 66 11 77 45][Fax 66 14 41 45
www.choicehotels.dk
Traditionsreiches Stadthotel mit viel Atmosphäre und guter Küche. ●●●

■ **Hotel Ansgar**
Østre Stationsvej 32
Tel. 66 11 96 93][Fax 66 11 96 75
www.hotel-ansgar.dk
Zentrales, solides Mittelklassehotel. ●●

■ **Odense Danhostel Kragsbjerggården**
Kragsbjergvej 121
Tel. 66 13 04 25][Fax 65 91 28 63
www.odense-danhostel.dk
Herberge in idyllischem Fachwerkgutshof. Dez.–März geschl. ●–●●

Restaurants

■ **Restaurant Klitgaard**
Gravene 4
Tel. 66 13 14 55
Origineller Mix: dänische Hausmannskost und moderne Küchenkunst. ●●●

■ **Sortebro Kro**
Sejerskovvej 20
Tel. 66 13 28 26
www.sortebro.dk
Als Teil des Freilichtmuseums Den Fynske Landsby speist man hier stilvoll im Interieur des 19. Jhs. ●●

■ **Café Fyrtøjet**
Hans Jensens Stræde 21
Tel. 66 13 53 29
Gemütliches Café, das auch kleine Gerichte anbietet. Brunch bis 13 Uhr. ●

Vissenbjerg 2

Rund um Vissenbjerg gibt es allerlei Tierisches: Echsen und Reptilien im **Vissenbjerg Terrarium** (Kirkehelle 5, www.terrariet.dk, Mitte Mai–Aug. tgl. 10–18, sonst bis 16 Uhr), dem größten seiner Art in Skandinavien, und südlich der **Frydenlund Vogelpark** (Tommerup, www.fuglepark.dk, Juni–Aug. tgl. 10–18, Mitte April–Mai, Sept. tgl. 10–16 Uhr) mit 700 Vögeln aus aller Welt.

Middelfart 3

Die Stadt (13 000 Einw.) entstand um die »mittlere Überfahrt« über den Kleinen Belt. Ihre Rolle als Brückenkopf nach Westen dokumentiert das ***Middelfart Museum** im imponierenden, leuchtend dunkelroten Henner Friser's Hus, einem Fachwerkhaus von 1570 (Brogade 8, Juni–Aug. tgl. 11–16, Mitte Nov.–Mitte Dez. 13–16 Uhr). Ein weiterer Museumsteil in der Algade 4 informiert über den Walfang: Der Kleine Belts war bis Ende des 19. Jhs. Dänemarks bedeutendster Walfangplatz. In der **Skt. Nicolai Kirke** hängen noch die Kieferknochen eines 1603 gefangenen Großwals.

So idyllisch geht es in Ærøskøbing, dem größten Ort auf Ærø, zu

Shopping

■ **Keramikmuseum Grimmerhus**
Kongebrovej 42
www.grimmerhus.dk
Im Museums-Shop kann man schöne Keramik von der Skulptur bis zu Alltagsdingen kaufen (Di–So 11–17 Uhr, Juni–Aug. auch Mo).

Hotel

■ **Hindsgavl Slot**
Hindsgavl Allé 7
Tel. 64 41 88 00][Fax 64 41 88 11
www.hindsgavl.dk
Nobles Schlosshotel mit romantischem Park in herrlicher Waldlage am Kleinen Belt. ●●–●●●

Camping

■ **Ronæs Strand Camping**
Ronæsvej 10, Nr. Aaby
Tel. 64 42 12 63][Fax 64 42 17 73
www.camping-ronaes-strand.dk
Direkt am Meer, 12 km südl. von Middelfart, WLAN, Motorbootverleih und Hüttenvermietung.

Assens 4

In der 800 Jahre alten Handelsstadt (5500 Einw.) wurde der Seeheld Peter Willemoes (1783 bis 1808) geboren, an den ein Gedenk- und Seefahrtsmuseum in seinem Geburtshaus erinnert. Das Ergebnis großbürgerlicher Raritäten- und Antiquitäten-Sammelleidenschaft zeigt die private **Ernst-Sammlung** (Østergade 57, Mai–Sept. Sa 14 Uhr).

Faldsled 5

Das nette Dörfchen Faldsled (auch: Falsled) kann mit eigenem Jachthafen, kinderfreundlichem Sand- und einem Steinstrand mit seichtem Wasser aufwarten. Im 7 km entfernten **Horne** liegt die einzige Rundkirche Fünens. Eine Grafenloge von 1820 im Inneren imitiert Kopenhagener Theaterlogen.

Hotel

Steensgaard Herregårdpension
Steensgaard 4, Millinge
Tel. 62 61 94 90][Fax 63 61 78 61
www.herregaardspension.dk
Stilvoll mit Antiquitäten eingerichtete Zimmer auf einem Gutshof (14. Jh). ●●●

Restaurant

Falsled Kro
Assensvej 513, Millinge
Tel. 62 68 11 11][Fax 62 68 11 62
www.falsledkro.dk
Eine der besten kulinarischen Adressen Dänemarks. ●●●

*Faaborg 6

Die Stadt (7200 Einw.) besitzt im alten Kern viele malerische Winkel, die man vom Glockenturm der **Skt. Nicolai Kirke** am besten überblickt. ***Faaborg Museum for Fyns Malerkunst** zeigt Werke der Fünen-Maler und Bildhauer wie Kai Nielsen (1882–1924), der auch den freizügigen Ymerbrunnen auf dem Markt schuf (Grønnegade 75, April–Okt. tgl. 10–16, sonst Di–So 11–15 Uhr). Wer sich für Schlösser interessiert, wird in der Umgebung fündig. Arreskov Slott, Brahetrolleborg Slott und Holstenhuus Slott können nicht besichtigt werden, doch schon allein ihre Schlossparks lohnen.

Hotels

Færgegaarden
Chr. IX's Vej 31
Tel. 62 61 11 15][Fax 62 61 11 95
www.hotelfg.dk
Freundliches Hotel in der Altstadt mit gutem Restaurant. ●●–●●●

Fåborg Fjord
Svendborgvej 175
Tel. 62 61 10 10][Fax 63 60 61 60
www.hotelfaaborgfjord.dk
Modernes Hotel mit guter Ausstattung und Restaurant am Stadtrand. ●●

Dänische Südsee

Als »Dänische Südsee« oder »Dänische Karibik« wird die Inselwelt südlich von Fünen gepriesen, die mit ihren hübschen Dörfern und Städtchen ganz dem Ideal eines Andersenschen Märchenlands entspricht.

Inselfeeling erlebt man auf den kleinsten, aber schönen und ruhigen Inseln am intensivsten. Schon die Anfahrt mit der Fähre ist ein Genuss. Ab Svendborg erreicht man **Hjortø** (90 ha; 15 Einw.), **Skarø** (197 ha; 25 Einw.) und ***Drejø** (426 ha; 100 Einw.), ab Faaborg **Avernakø** (586 ha; 95 Einw.), **Bjørnø** (150 ha; 30 Einw.) und ***Lyø** (60 ha; 145 Einw.). Letztere ist mit heimeligem Dorfmilieu und dem Dolmengrab *Klokkestenen ein äußerst reizvolles Tagesausflugsziel. Gleiches gilt für ***Stynø** (488 ha; 200 Einw.) mit ihrem urigen Kro.

**Ærø 7

Die Insel Ærø (7000 Einw.) ist da mit ihren 8807 ha schon ein paar Nummern größer. Man erreicht sie mit Fähren ab Svendborg und Faaborg, Rudkøbing auf Langeland und Mommark auf Als. Kleine Dörfer mit reetgedeckten Häusern und zwei pittoreske Städte prägen das idyllische Bild.

Karte
Seite 77

Den größten Anteil daran hat sicher ****Ærøskøbing** mit seinen verwinkelten Gassen, den meterhohen Stockrosen vor gepflegten Fachwerkhäusern, den verzierten, bunten Hauseingängen und natürlich mit dem Dukkehuset, dem kleinsten Haus der Stadt. Das bekannteste der örtlichen Museen, die ****Flaske-Peters Samling**, zeigt mehrere hundert Buddelschiffe und Schiffsmodelle (Mitte März–Mitte Okt. tgl. 10–16, sonst Di–Fr 13–15, Sa–So 10–12 Uhr).

***Marstal** wirkt moderner, obwohl es im 18. und 19. Jh. eine Blüte als Handels- und Seefahrerstadt erlebte: Die Handelsflotte war zeitweise größer als die Kopenhagens. Alte Seefahrertradition lebt in ***Jens Hansens Søfartsmuseum** wieder auf oder kann im Hafen live erlebt werden, wo im Sommer Oldtimerschiffe festmachen. Sehenswürdigkeiten außerhalb der beiden Städte sind einige Landkirchen und Zeugnisse aus der Vorzeit: **Bregninge Kirke** besitzt neben spätgotischen Kalkmalereien einen *Claus-Berg-Altar, Søby Voldanlæg ist Rest einer Wallanlage aus der Wikingerzeit, und in Store Rise stößt man auf ein Dolmengrab.

Info

■ **Ærø Turistforening**
Ærøskøbing Havn 4
Tel. 62 52 13 00
www.arre.dk

Hotels

■ **Ærø Strand**
Egehovedvej 4, Marstal
Tel. 62 53 33 20][Fax 62 53 31 50
www.hotel-aeroestrand.dk
Modernes Hotel mit eigenem Restaurant am Rand von Marstal. ●●-●●●

■ **Det Lille Hotel**
Smedegade 33, Ærøskøbing
Tel. & Fax 62 52 23 00
www.det-lille-hotel.dk
Kleines gemütliches Hotel mit nur sechs Zimmern in Meeresnähe. ●●

Die Storebelt-Verbindung

Über 100 Jahre diskutierten die Dänen eine feste Verbindung über den Großen Belt. 1989 begannen sie mit dem Bau, 1997 wurde die Eisenbahnverbindung fertig, im Juni 1998 folgte die Autobahn. Die »Storebæltsforbindelsen« ist beeindruckend: 18 km Seeweg zwischen Fünen und Seeland sind überwunden, mit einem Zwischenstopp auf dem Inselchen Sprogø auf halbem Wege. Von Fünen bis dorthin verlaufen Straße und Schiene über eine 6,6 km lange Flachbrücke. Zwischen Seeland und Sprogø gehen Eisen- und Autobahn getrennte Wege: Züge verschwinden in zwei 8 km langen Röhren unter dem Meer, während Autos über eine 6,8 km lange Hängebrücke fahren, die an zwei 260 m hohen Pylonen (Weltrekord) und einer freien Spannweite von 1624 m (Weltrekord) aufgehängt ist. Die geplanten Kosten von 18 Mrd. DKK wurden mit realen 29 Mrd. DKK weit übertroffen. Die Refinanzierung soll durch Mautgebühren (ca. 44 Euro/Fahrt) bis 2035 abgeschlossen sein.

Karte Seite 77

Das Oldtimerschiff ist der romantische Weg auf die Insel Tåsinge

*Svendborg 8

In der zweitgrößten Stadt Fünens (27 000 Einw.) gibt es viel zu entdecken: ausgezeichnet restaurierte Fachwerkhäuser im Zentrum, schön hergerichtete Speicher am Hafen und geschäftige Fußgängerstraßen. Abends lockt die Kleinstadt mit einem erstaunlich lebhaften Nachtleben.

Im **Anne Hvides Gård** von 1560 hat ein kulturhistorisches Museum (18./19. Jh.) seinen Sitz (Fruestræde 3, Juni–Mitte Okt. Di–Do 11–15 Uhr). Und im ***Viebæltegård**, einem einstigen Armenhaus, sind Vorzeitfunde aus der Umgebung ausgestellt (Grubbemøllevej 13, Okt.–April Di–So 13–16, Mai–Sept. ab 10 Uhr).

Info

■ Sydfyns Turistbureau
Centrumspladsen 4
Tel. 62 21 09 80][Fax 62 22 05 53
www.visitsydfyn.dk

Hotel

■ Svendborg
Centrumspladsen 1
Tel. 62 21 17 00][Fax 62 21 90 12
www.hotel-svendborg.dk
Komfortables Stadthotel in zentraler Lage mit gutem Restaurant. ●●–●●●

Inseln vor Svendborg

*Tåsinge 9

Über die Svenborgsund-Brücke oder mit dem Oldtimerschiff ***»M/S Helge«** (1924) gelangt man auf die Insel Tåsinge (6000 Einw.). Fachwerkhäuser mit Reetdächern prägen den idyllischen Hauptort Troense mit der barocken Schlossanlage ****Valdemars Slot**. Das Schlossmuseum führt durch historische Räume. Außerdem lockt die Trophäensammlung, ein Spielzeugmuseum und ein Museum für Freizeitboote (Mai–Aug. tgl. 10–17, Sept. Di–So 10–17 Uhr).

Restaurant

■ **Restaurant Valdemars Slot**
Tel. 62 22 59 00
Das Restaurant im Keller des Schlosses serviert tagsüber Smørrebrød und kleine Snacks; abends speist man à la carte. Abends nur Mi–Sa geöffnet. ●●–●●●

Camping

■ **Vindebyøre Camping**
Vindebyørevej 52, Tåsinge
Tel. 62 22 54 25][Fax 62 22 54 26
www.vindebyoere.dk
Schöner Platz mit Blick auf Svendborg.

**Langeland

Eine weitere Brücke führt auf die Insel Langeland (28 381 ha; 15 000 Einw.) mit flachen, kinderfreundlichen Stränden. Die Hauptstadt Langelands, ***Rudkøbing** 10, besitzt ein gemütliches Hafenviertel und viele malerische Gassen. Den schönen Fachwerkhof an der Fußgängerzone Østergade nutzt heute das originelle Antiquitätengeschäft ***Tingstedet** samt Musikcafé (www.danskemaljedesign.dk).

Echt gut!

Die schönsten Schlösser

- In **Amalienborg** residiert die königliche Familie. › S. 49
- **Rosenborg Slot:** Hier werden die Kronjuwelen ausgestellt. › S. 52
- **Schloss Frederiksborg**, auf Befehl König Christian IV. erbaut, ist heute Sitz des dänischen Nationalhistorischen Museums. › S. 61
- Das **Hamletschloss Kronborg** ist Weltkulturerbe der UNESCO. › S. 63
- **Schloss Egeskov** ist der Stolz Fünens.

Dörflich wirkt das Örtchen ***Tranekær** 11 mit dem Tranekær Slot. Die Schlossmühle von 1845 beherbergt ein Mühlenmuseum. Der Geschichte kann man an den rund 30 bekannten prähistorischen Fundstätten nachspüren: Gleich neben der spätromanischen Kirche von **Humble** findet man das 55 x 9 m große Langdolmengrab Kong Humbles Grav.

Restaurant

■ **Lindelse Kro**
Langegade 21, Lindelse
Tel. 62 57 24 03
www.lindelsekro.dk
Typischer dänischer Landgasthof mit ausgesuchter Küche. Auch Zimmer.

**Schloss Egeskov 12

Einen ganzen Tag kann der Besuch des wunderschön gelegenen Schlosses mühelos füllen. Es zählt zu Europas schönsten Renaissance-Wasserburgen: Rote Backsteinmauern, Türme und Treppengiebel spiegeln sich im Wasser vor dem Grün des herrlichen 15 ha großen Parks mit Fuchsienpflanzungen, Buchsbaumhecken, Bambus-Irrgarten und Kräutergarten. Je nach Jahreszeit kann man auch Pflanzen kaufen. In den Ausstellungen gibt es Landwirtschaftsgeräte und Kutschen sowie ein Oldtimermuseum mit Autos und Flugzeugen zu sehen (www.egeskov.dk, Juli–Mitte August tgl. 10–20, Juni, Mitte–Ende Aug. 10–18, Mai, Sept. 10–17 Uhr).

Aus Eichenpfählen schuf man eine Insel für Schloss Egeskov

*Lindeskov 13

Im Gebiet um Lindeskov sind mehrere vorgeschichtliche Denkmäler erhalten. Sieben Dolmen und das längste Kammergrab Dänemarks gibt es zu entdecken.

Nyborg 14

Nyborg (19 000 Einw.) ist eine charmante Stadt mit historischem Stadtbild. Das ***Landporten**, das längste Stadttor Dänemarks, durchschreitet man auf einer Länge von 40 m. Im Rittersaal des ältesten dänischen Königsschlosses ****Nyborg Slot** (1170) werden den Sommer über immer sonntags Kammermusikkonzerte aufgeführt. Im Hafen erinnert die Museumsfähre »Kong Frederik IX.« an Nyborgs erst 1998 beendete Tradition als Fährhafen.

Hotels

■ **Hesselet**

Christianslundvej 119

Tel. 65 31 30 29][Fax 65 31 29 58

www.hesselet.dk

Tophotel im Stil der 1960er-Jahre im Wald direkt am Meer. ●●●

*Kerteminde 15

Kerteminde schmiegt sich um den in die Ostsee mündenden Kertinge Nor. Schmuckstück im Zentrum ist der Farvergården von 1630. Am Nordrand weist eine Windmühle den Weg zum ***Johannes-Larsen-Museum**, das hauptsächlich Arbeiten der Fünen-Maler zeigt (Møllebakken 14, Di–So 10–16/17 Uhr).

Am Hafen informiert das ***Fjord- & Bæltecentret** über das Leben in den dänischen Meeren. Attraktion ist ein Freibecken mit

Schweinswalen. In der Ostsee um Fünen leben rund 1500 dieser kleinsten Wale der Welt (Margrethes Plads 1, www.fjord-baelt.dk, tgl. 10–16 Uhr, Dez., Jan. geschl.).

In einem Hügel am See Kertinge Nor bei Ladby fand man Dänemarks einziges Wikinger-Grabschiff. Das Schiff wird heute im ***Vikingemuseet Ladby** ausgestellt. Man erfährt Wissenswertes über seine Geschichte und die Zeit (Vikingevej 123, März–Okt. Di–So 10–16/17, Nov.–Febr. Mi–So 11–15 Uhr).

Info

■ **Turistbureau**
Hans Schacksvej 5
Tel. 65 32 11 21][Fax 65 32 18 17
www.visitkerteminde.dk

Hotel

■ **Tornøes Hotel**
Strandgade 2
Tel. 65 32 16 05][Fax 65 32 48 40
www.tornoeshotel.dk
Traditionshaus in Hafennähe. ●●

Restaurant

■ **Rudolf Mathis**
Dosseringen 13
Tel. 65 32 32 33
Exklusives Fischrestaurant direkt am Kai. Mo. geschl. ●●

Ausflug nach Nordfünen

Nördlich von Kerteminde schiebt sich die Halbinsel ***Hindsholm** ins Kattegat bis zum Kap ***Fyns Hoved** mit seiner abwechslungsreichen Küste. Neben der Straße dorthin ist Dänemarks größtes Kammergrab **Mårhøj** unübersehbar (zur Erkundung eine Taschenlampe mitbringen!).

Wanderwege erschließen das Naturschutzgebiet auf der Landzunge **Enebærodde**, die sich in die schmale Öffnung des Odense Fjord schiebt. Von dort ziehen sich **Fünens beste Strände** an der Küste entlang westwärts bis zu den Flyvesand-Dünen auf Agernæs.

Echt gu

Der Norden Fünens besticht durch landschaftliche Reize

Jütland

Nicht verpassen!

- Über die Dünen zur versunkenen Kirche von Skagen spazieren
- Ein Besuch in Ribe, Dänemarks ältester Stadt
- Eine Wanderung in Thy, Dänemarks jüngstem Nationalpark
- Den Surfern von Klitmøller zuschauen
- Barfuß laufen über die weiten Sandstrände der Jammerbugt
- Kunst bewundern im Museum von Silkeborg
- Mit dem Schiff zur Kattegatinsel Læso fahren

Zur Orientierung

Jütland ist das Land der Meere, im Osten wird es von der Ostsee und im Westen von der Nordsee begrenzt, im Norden bei **Grenen** › S. 111 treffen die Wellen beider Meere aufeinander.

Wer im Westen der langen Halbinsel unterwegs ist, sucht und findet lange Strände, ausgedehnte Dünenlandschaften und den rauen Charme der Nordsee. Wind und Wellen sind ideal für Surfer und Windsurfer, nicht umsonst zählt **Klitmøller** › S. 109 im Nordwesten Jütlands zu den besten Surfrevieren Europas. Bei Surfern wie bei Badeurlaubern beliebt ist die 35 km lange und extrem schmale Dünennehrung **Holmsland Klit** › S. 103, eine der schönsten Ferienhaus- und Campingregionen Dänemarks. Und auch der Limfjord, der Jütland von der Nord- zur Ostsee durchschneidet, ist ein Mekka für Wassersportler.

Einfach gemütlich: Ribe

Sand ist der Stoff, aus dem Westjütland gemacht ist. Manche Strände sind so lang und so breit, dass man sie sogar mit dem Auto befahren darf, wie etwa auf Rømø oder hoch im Norden an der Jammerbucht. Wer nach Westjütland reist, will Urlaub abseits von Stress und Hektik, will selbst bestimmen, wie er seinen Tag plant, was er tun und was er erleben will. Entsprechend sind Ferienhäuser auch die beliebteste Form der Unterkunft. Jeden Samstag, wenn in ganz Jütland »Wechseltag« ist, quälen sich während der Saison Autokolonnen in die Urlaubsgebiete – den Rest der Woche, wenn alle einquartiert sind, geht es dann ruhig und entspannt zu.

Im Hinterland beider Küsten Jütlands trifft man dann auf idyllische Dörfer und Städte mit typisch dänischem Charme. Für diese Gemütlichkeit hat das Dänische ein passendes Wort, »hyggelig«, und in Westjütland mit **Ribe** › S. 100 eine Stadt, die alle damit verbundenen Klischees absolut perfekt erfüllt.

Hauptanziehungspunkte für eine Reise nach Ostjütland sind die beiden Städte **Århus** › S. 119 und **Aalborg** › S. 128 sowie die Strände der Ostsee. Besonders Fa-

Karten S. 92/97

Hafen in Hanstholm

milien mit Kindern wissen die ruhigere Ostsee zu schätzen. Außerdem wird Jütland, je weiter man nach Norden kommt, immer schmaler. Dann kann man je nach Lust und Laune zwischen den rauen Wassern der Nordsee und der stilleren Ostsee hin- und herwechseln; manchmal bringt der Küstenwechsel sogar besseres Wetter. Ferienhäuser findet man auch im Osten der Halbinsel zur Genüge. Hier gibt es weniger großflächige Anlagen und man hat gute Chancen, ein alleinstehendes Häuschen zu mieten. Århus und Aalborg sind beide für ihr lebhaftes Nachtleben bekannt. Sie bieten damit genau das richtige Kontrastprogramm zum ruhigen Strandleben. Wer zur rechten Zeit unterwegs ist, kann in Aalborg den Pfingstkarneval oder in Århus das Bierfestival im Mai miterleben. Beide Städte sind auch für ihre hervorragenden Einkaufsmöglichkeiten bekannt.

Touren in der Region

Inseln und Fjorde

(11) Rømø › Løgumkloster › Ribe › Hvide Sande › Ringkøbing › Holstebro › Spottrup Slot › Mors › Hanstholm

Dauer: 3–5 Tage
Praktische Hinweise: Obwohl Rømø eine Insel ist, kann man auch ohne Schiff hierher gelangen – möglich macht dies der ca. 10 km lange mautfreie Rømø-Damm, der die Insel mit dem Festland verbindet. In Ribe finden im Sommer jeden Abend um 20 Uhr Stadtführungen mit dem Nachtwächter statt. Der Rundgang beginnt am Torvet, dauert 45 Minuten und ist kostenlos.

Meer und Kultur stehen im Mittelpunkt der Route, die entlang der

Hanstholm
Nykøbing
20 Fur
Branden
Aars
Rebild
Skov
Rold
Rold
Vestervig 18
21 Mors
Hadsund
Thyborøn 17
Ydby
Ydby Hede
Gedsted
Hobro
Nissum Bredning
Thyholm
19 Spøttrup
Fyrkat
Mariager
Ferring
Skive
Skals Å
Venø
Lemvig
Vinderup
Randers
Struer 16
Hjerl Hede
Skive Å
Daugbjerg
Viborg
Nørreå
Torsminde 14
Nørre Wosborg
Nissum Fjord
Holstebro 15
Bjerring-bro
Elmusset
Lilleå
Vedersø Klit
Vedersø
Stadil Fjord
Storå
Karup Å
Kjellerup
Gudenå
Ikast
46
Søndervig 11
Ring-købing 12
Herning 13
Silkeborg
Århus
147 Himmelbjerg
Ry
Ring-købing-Fjord
Videbæk
10 Hvide Sande
Yding Skovhøj 174
Ejer Bavnehøj 171
Skanderborg
Tebstrup
Holmsland Klit
Skjern
Skjern Å
Nørre-Shede
Omme Å
Give
Horsens 44
Nymindegab
Ølgod
Alrø
Henne Strand
Grindsted
Billund
43 Jelling
Hedensted
Henne Kirkeby
Legoland 42
Vejle 40
Juelsminde
Varde Å
Vejle Fjord
Blåvands Huk 9
Varde
41 Egtved
39 Fredericia
Bogense
Blåvand
7 Esbjerg
Bramming
Vejen
38 Kolding
Middelfart
Odense
Nordby 8
Kongeå
113 Skamlingsbanken
Ejby
Brandsø
Vissenbjerg
Harwich
Fanø
Ribe 6
Ribe Å
37 Christiansfeld
Bågø
Sønderho
Glamsbjerg
Mandø
Vester Vedsted
Wattenmeer
Årø
Assens
Vojens
36 Haderslev
Rømø 5
Brøns
Toftlund
Lillebælt
Kirkeby
Havneby
Knivsbjerg 97
Barsø
Bøjden
Brede Å
Rødekro
4
Aabenraa
Nordborg
Lyø
Sylt
Løgum-kloster
3 Højer
Fynshav
Tønder 1
Tinglev
Gråsten Slot
34 Als
Westerland
Møgeltønder 2
32
33
35 Sønderborg
Vidå
Dybbøl
Westjütland
Frøslevlejren
Kruså
31
0 20 km
DEUTSCHLAND
Flensburg
Flensburg

westjütländischen Küste in den Norden führt. Die Insel **Rømø** › S. 99 lockt vor allem wegen ihrer Strände, darunter der breiteste Strand Europas. Auf dem Festland führt zunächst ein Abstecher nach Løgumkloster mit der spätromanischen Klosterkirche, bevor es weiter nach Norden geht. Man erreicht **Ribe** › S. 100, die älteste Stadt des Landes mit schönem Dom und einer gemütlichen Altstadt. **Hvide Sande** › S. 103, einer der wichtigsten Touristenorte Jütlands, grenzt an Meer und Ringkøbing Fjord. Mit Dünen und Sandstränden ist die Gegend ideal für alle, die Strand und Wasser lieben. Von **Ringkøbing** › S. 103 mit seiner schönen Altstadt führt die Strecke landeinwärts nach **Holstebro** › S. 107, eine Stadt mit einer besonderen Leidenschaft für die Kunst. Überall sind Skulpturen aufgestellt und das Kunstmuseum stellt Werke dänischer Maler der Moderne aus. Über die mittelalterliche **Burg Spøttrup** › S. 108 gelangt man über Brücken auf die Insel **Mors** › S. 108 im Limfjord. Von der Hanklit an der Nordküste hat man einen schönen Blick auf den größten Fjord des Landes, der auf 180 km Länge Jütland teilt. Die Verbindung zur Nordsee schuf erst 1825 eine Sturmflut, die die Landzunge **Agger Tange** durchbrach. Hier wurde 2008 der erste Nationalpark des Landes eröffnet. Nach Mors überquert man noch einmal den Limfjord und erreicht den Nordteil Jütlands, der eigentlich die zweitgrößte Insel Dänemarks ist. Bei **Hanstholm** › S. 109 erblickt man zum Schluss wieder die Nordsee.

Beachhopping im Norden

⑫ Skagen › Hirtshals › Råbjerg Mile › Løkken › Rødhus › Blokhus › Tranum Strand › Slettestrand › Hanstholm › Klitmøller

Dauer: 1–3 Tage

Praktische Hinweise: Einige Strandabschnitte kann und darf man mit dem Pkw befahren. Dabei sollte man allerdings nie die festgefahrene Spur verlassen, denn im tiefen Sand sitzt man schnell fest. Vorsicht ist außerdem geboten, wenn das Nordseewasser an den Strand drückt und vermeintliche »Pfützen« zu durchfahren sind.

Pack die Badehose ein! Und am besten auch noch das Surfbrett. Diese Tour ist gedacht für Wassersportfans, die sich auf den Weg zu den besten Stränden Jütlands machen wollen. Ausgangspunkt ist **Skagen** › S. 111, die nördlichste Stadt Dänemarks. Hier steht vor der Abfahrt der Besuch der großen Wanderdünen auf dem Programm. Anschließend geht es weiter in Richtung Südwesten. In **Hirtshalts** › S. 110 sollte man sich

⑪ Inseln und Fjorde **Rømø › Løgumkloster › Ribe › Hvide Sande › Ringkøbing › Holstebro › Spottrup Slot › Mors › Hanstholm**

das **Nordsøen Oceanarium** nicht entgehen lassen. Im größten Aquarium Nordeuropas tummeln sich Robben und Mondfische. Bei der Tour verlässt man immer wieder die Hauptstraße und folgt den Stichstraßen ans Meer. Mitunter, wie etwa zwischen **Løkken** › S. 109 und Rødhus, kann man auf dem herrlich breiten Strand fahren. Bei **Blokhus** › S. 109 bietet sich ein Abstecher zum Freizeitpark **Fårup Sommerland** › S. 18 mit seinem großen Aquapark an. In der **Jammerbucht** › S. 109 trifft man auf herrlich breite Sandstrände wie Tranum Strand oder Slettestrand. Ein Höhepunkt für Wassersportler ist **Klitmøller,** das als eines der besten Surfreviere Europas gilt. Übernachten kann sehr gut man in **Hanstholm** › S. 109

Durch Mitteljütland

(13) Silkeborg › Århus › Rosenholm › Ebeltoft › Grenaa › Gammel Estrup › Randers › Viborg › Silkeborg

Dauer: 1–2 Tage
Praktische Hinweise: Nicht ganz billig ist das Parken im Zentrum von Århus. Die erste Stunde kostet etwa 1,50 Euro, danach steigen die Stundenpreise auf fast 3 Euro. Das Århus Kunstmuseum ist montags geschlossen.

Keine andere Tour bietet soviel Vielfalt auf so kurzer Strecke: Natur- und Kulturerlebnisse wechseln sich ab. Die Rundfahrt beginnt und endet in **Silkeborg** ›

Bei Grenen trifft man auf Ost- und Nordsee und jede Menge Touristen

S. 118, einer sehenswerten Kleinstadt, in der vor allem das Kunstmuseum Beachtung verdient. Im Umland der Stadt durchfährt man eine kleine Seenlandschaft und erreicht den Himmelbjerg, von dem man eine herrliche Aussicht über die Region hat. Beides liegt nur wenige Kilometer abseits der Straße Richtung **Århus** › S. 119, dem nächsten Ziel der Reise. Århus, die zweitgrößte Stadt des Landes bietet nicht nur herausragende kulturhistorische Sehenswürdigkeiten wie die Vor Frue Kirke, auch die Restaurant- und Kneipenszene im Latinerkvarteret ist bemerkenswert. Über das Renaissance-Schloss Rosenholm erreicht man das Ostseestädtchen **Ebeltoft** › S. 123 mit seiner malerischen Altstadt. Ebenfalls an der Ostsee liegt **Grenaa** › S. 124. Hier lohnt das Kattegatcenter mit seinen Aquarien einen Besuch, in denen man sogar Haie bewundern kann. Wer das Kattegat live erleben will, kann in Grenaa die Fähre zur Insel Anholt besteigen, die mit einer wüstenartigen Dünen- und Heidelandschaft beeindruckt. Die am weitesten vom Festland entfernte Insel der Ostsee verfügt aber auch über feine Sandstrände, die zum Baden einladen. Über **Schloss Gammel Estrup** › S. 123 und **Randers** › S. 124, das für sein gutes Starkbier bekannt ist, gelangt man nach **Viborg** › S. 124. Hauptsehenswürdigkeit ist der neoromanische Dom mit seinen großen Wand- und Deckengemälden. Von hier geht es zurück nach Silkeborg.

Beklemmende Skulptur von Ron Mueck im ARoS Kunstmuseum

Zu den besten Kunstmuseen

(14) Kolding (Kunstmuseum Trapholt) › Århus (Kunstmuseum AroS) › Silkeborg (Kunstmuseum) › Aalborg (Nordjyllands Kunstmuseum) › Schloss Voergaard › Künstlerkolonie in Skagen

Dauer: 3–7 Tage
Praktische Hinweise: Alle Museen sind montags geschlossen. Wer die fantastische Kunstsammlung von Schloss Voergaard besichtigen will, muss die stark eingeschränkten Öffnungszeiten außerhalb der Sommersaison beachten.

Jütland hat mit seinem besonderen Licht schon immer Künstler angelockt. Bekannt sind die Skagenmaler um P. S. Krøyer, Christian Krohg und das Ehepaar Ancher, die im **Skagens Museum** › S. 111 ausgestellt sind. Auf dem

Karte
Seite 97

Weg dahin führt diese Tour zu den wichtigsten und schönsten Museen Jütlands. Die **Sammlung Trapholt** › S. 114 versammelt vor allem dänische Künstler des letzten Jhs. und zeigt in einer unterirdischen Ausstellung Designmöbel. Das Kunstmuseum in **Århus** › S. 120 begeistert mit seiner gelungenen Architektur und einer Sammlung, die vom 17. Jh. bis zur zeitgenössischen Kunst reicht. In Silkeborg und Aalborg steht dann die Künstlergruppe COBRA im Mittelpunkt. Ein Muss für Fans vergangener Zeiten ist **Schloss Voergaard** › S. 131: Graf Oberbech-Clausen hat in dem von einem breiten Wallgraben umgebenen Bau (16. Jh.) Werke von Goya, Rubens, Raphael und El Greco, aber auch Barockmöbel zusammengetragen.

12 Beachhopping im Norden
Skagen › Hirtshals › Råbjerg Mile › Løkken › Rødhus › Blokhus › Tranum Strand › Slettestrand › Hanstholm › Klitmøller

13 Durch Mitteljütland
Silkeborg › Århus › Rosenholm › Ebeltoft › Grenaa › Gammel Estrup › Randers › Viborg › Silkeborg

14 Zu den besten Kunstmuseen
Kolding (Kunstmuseum Trapholt) › Århus (Kunstmuseum AroS) › Silkeborg (Kunstmuseum) › Aalborg (Nordjyllands Kunstmuseum) › Schloss Voergaard › Künstlerkolonie in Skagen

Karte Seite 97

Unterwegs in Westjütland

*Tønder 1

Bis ins 16. Jh. war Tønder (8000 Einw.) eine bedeutende Hafenstadt und im 17. Jh. ein Zentrum europäischer Spitzenklöppelei. Vom Reichtum der Spitzenhändler zeugen Bürgerhäuser mit prächtigen Portalen. Die Stadtmitte überragt der 50 m hohe Turm der üppig ausgestatteten Kristkirke aus dem späten 16. Jh. Im Museumskomplex am Stadtrand kann man im kulturhistorischen **Tønder Museum** (Kongevej 51, Juni–Aug. tgl. 10–17 Uhr, sonst Mo geschl.) u. a. die kunstvollen Klöppelarbeiten und in ***Sønderjyllands Kunstmuseum** Kunst des 20. Jhs., insbesondere dänischen Surrealismus bewundern.

Gleich nebenan in ***Møgeltønder 2** säumen Linden und malerische, zum Teil reetgedeckte Friesenhäuser die ***Slotsgade**. Sie verbindet die üppig ausgestattete ***Kirche**, die ihre Ursprünge in romanischer Zeit hat, mit dem Barockschloss Schackenborg. Es ist Domizil von Prinz Joachim, Bruder des Kronprinzen Frederik, und seiner Familie.

Die Schwarze Sonne

Jedes Jahr im Frühling und Herbst bilden bis zu einer Million Stare auf der Durchreise am Himmel eine »Schwarze Sonne«. Gute Chancen auf das Schauspiel hat man beim Damm nach Rømø, im Röhricht beim Rudbøl See und an der Møllehus Grenze bei Aventof.

Restaurant

- **Schackenborg Slotskro**
Slotsgaden 42, Møgeltønder
Tel. 74 73 83 83
www.slotskro.dk
Zum Schloss gehört der für seine exzellente Küche bekannte Schackenborg Slotskro. Auch Gästezimmer. ●●●

Højer 3

In Højer (1500 Einw.) überragt Nordeuropas größte hölzerne Windmühle die vielen denkmalgeschützten Häuser des Ortes. Westlich des Zentrums ist neben der Højer Sluse von 1861 ein altes Fischermilieu am Ufer der Videå wiedererstanden. Vor den jüngeren Deichen mit dem modernen Sperrwerk ***Vidå Sluse** breitet sich dieser Teil des Wattenmeeres bis zur Insel Sylt aus.

Løgumkloster 4

Løgumkloster (3150 Einw.) entwickelte sich um ein bedeutendes Zisterzienserkloster, dessen mächtige, aber schlichte ***Backsteinkirche** vom Wandel der Romanik zur Gotik geprägt ist. Südwestlich, an der Straße nach Tønder, kann man auf schönen Wegen *Draved

Karte Seite 92

Skov, Dänemarks letzten Urwald, durchwandern.

Ideales Ausflugsziel für Familien mit Kindern ist der ***Hjemsted Oldtidspark** bei Skærbæk 20 km nordwestlich. Das Museum zur Frühgeschichte ist lebendig gestaltet; im Erlebniszentrum zur Eisenzeit können Kinder mit Pfeil und Bogen üben (Hjemstedvej 60, www.hjemsted.dk, Mitte Okt.–April Mo–Do 11–16 Uhr, Mai–Mitte Okt. tgl. 11–16/17 Uhr).

Rømø 5

Die größte Nordseeinsel Dänemarks (12 886 ha; 700 Einw.) erreicht man über den Damm quer durch das Wattenmeer oder mit der Fähre von List auf Sylt (www.romo-sylt.dk). Bei Lakolk führt mehrspurig eine Straße auf **Europas breitesten Strand**, den man großteils mit dem Pkw befahren kann. Im Süden bei Havneby flitzen Strandsegler über den Sand und etwas abseits bleiben FKK-Freunde unter sich.

Im 17. und 18. Jh. wurde Rømø durch den Walfang vor Grönland reich; daran erinnert der prächtige dreiflügelige Hof ***Kommandørgård** (1748) von Toftum (Juvrevej 60, Mai–Sept. Di–So 10–18 Uhr, Okt. Di–So 10–15 Uhr) sowie die Kirche in **Kirkeby** aus dem frühen 13. Jh. mit schönen Votivschiffen und reich bebilderten Grabplatten der Kapitäne auf dem angrenzenden Kirchhof. Spaß für Kinder verspricht der Freizeitpark Rømø Sommerland in Havneby.

Schloss Schackenborg

Info

■ **Rømø Turistbureau**
Havnebyvej 30, Tvismark
Tel. 74 75 51 30][Fax 74 75 50 31
www.romo.dk

Hotels

■ **Hotel Lakolk**
Lakolk 150, Rømø
Tel. 74 75 51 45
www.hotel-lakolk.dk
Das Hotel liegt als einziges Hotel der Insel direkt am herrlichen Strand von Lakolk. ●●●

■ **Danhostel Rømø Vandrerhjem**
Lyngvejen 7, Havneby
Tel. 74 75 51 88][Fax 74 75 51 87
www.danhostel.dk/romo
Reetgedeckter Hof mit 25 Familienzimmern. Mitte März–Ende Okt. ●–●●

Camping

■ **Kommandørgårdens Camping**
Havnebyvej 201, Mølby
Tel. 74 75 51 22][Fax 74 75 59 22
www.kommandoergaarden.dk
Reitstall und Hüttenvermietung. Ganzjährig.

5 **Ribe 6

Dänemarks älteste Stadt (8500 Einw.) bietet schöne Fachwerk- und Backsteinbauten aus dem 16. und 17. Jh. Wahrzeichen ist der fünfschiffige, im Kern romanische ****Dom** (Baubeginn 1134). Der Chor wurde 1982–87 von Carl-Henning Pedersen neu gestaltet. Von der Spitze des alten ***Bürgerturms** genießt man eine herrliche Aussicht auf Stadt und Marschen. Das ***Ribe Kunstmuseum** ist für seine Gemäldesammlung aus dem »Goldenen Zeitalter« berühmt (Skt. Nicolaj Gade 10).

Auf dem Marktplatz starten im Sommer **Stadtrundgänge mit Nachtwächtern**, die in historischen Uniformen zu den schönsten Sehenswürdigkeiten führen (Juni–Aug. tgl. 20 Uhr). Ausgrabungsfunde im Stadtgebiet bilden den Fundus des neuen ***Museums für Wikingerzeit und Mittelalter** (Odins Plads 1). Am Südrand der Stadt lässt ein Wikingerzentrum die raue Zeit wieder lebendig werden › S. 105.

Echt gut

Leben zwischen Ebbe und Flut

Das ****Wattenmeer** fällt zweimal täglich bei Ebbe trocken und wird bei Flut wieder überschwemmt. Gewaltige Mengen mikroskopisch kleiner Pflanzen und Tiere, die am Anfang einer maritimen Nahrungskette stehen, wachsen hier. Fast alle Plattfische der Nordsee und viele andere Meeresbewohner haben im Watt ihre Kinderstube. Auch die mitteleuropäische Seehundpopulation ist vom Rhythmus der Gezeiten abhängig und ca. 10 Mio. See- und Zugvögel machen hier jährlich Station.

Wissenswertes über diesen einzigartigen Lebensraum vermitteln das Infozentrum an der Vidå Sluse bei Højer, das Wattenmeerzentrum in Vester Vedsted (Okholmvej 5, www.vadehavscentret.dk, Mitte Febr.–Okt. tgl. 10–16 Uhr) sowie das **Fischerei- und Seefahrtsmuseum von Esbjerg. › S. 101.

Info

■ **Ribe Turistbureau**
Torvet 3, Ribe
Tel. 75 42 15 00][Fax 75 42 40 78
www.visitribe.dk

Hotels

■ **Hotel Dagmar**
Torvet 1
Tel. 75 42 00 33][Fax 75 42 36 52
www.hoteldagmar.dk
Dänemarks ältestes Hotel besteht seit 1581. Behutsam achtet man bei der Zimmerausstattung darauf, das historische Ambiente zu bewahren. ●●●

■ **Den Gamle Arrest**
Torvet 11
Tel. 75 42 37 00][Fax 75 42 37 22
www.dengamlearrest.dk
Im einstigen Gefängnis wohnt man in originell renovierten Zellen. ●–●●●

Restaurant

■ **Weis' Stue**
Torvet 2
Tel. 75 42 07 00
Gemütliches Lokal im Fachwerkbau mit guter dänischer Küche. ●●

Karte Seite 92

Ribes Altstadt gehört zu den schönsten und besterhaltenen Dänemarks

Esbjerg 7

Die fünftgrößte Stadt (71 000 Einw.) Dänemarks beheimatet eine bedeutende Fischereiflotte, ist Fährhafen und Zentrum der Öl- und Gasförderung in der Nordsee. Bei einer Hafenrundfahrt erlebt man das geschäftige Treiben hautnah mit. Im Sommer gibt es spezielle ***Fischauktionen** für Touristen; regulär kommt frischer Fisch Mo–Fr um 7 Uhr unter den Hammer. Im zweiten Becken des Fischereihafens ist das Feuerschiff ***Horns Rev** als Museumsschiff fest vertäut.

Surrealismus und Konstruktivismus sind Schwerpunkte im ***Esbjerg Kunstmuseum**, das zusammen mit dem von Jørn Utzon entworfenen Musikhaus einen Gebäudekomplex zu Füßen des markanten Wasserturms bildet (Havnegade 20, tgl. 10–16 Uhr). Das Leben am, im und mit dem Meer zeigt das ****Fischerei- und Seefahrtsmuseum** mit Salzwasseraquarien und Robbenstation (Tarphagevej 2, www.fimus.dk, tgl. 10–17, Juli–Aug. bis 18 Uhr). Die vier **Mega-Skulpturen** am Strand, »Mennesker ved Havet« von Svend W. Hansen, sind Esbjergs Kunstwahrzeichen.

Hotels

■ **Scandic Hotel Olympic**
Strandhygade 3
Tel. 75 18 11 88][Fax 75 18 11 08
www.scandic-hotels.com
Modernes Hotel am Ende der Fußgängerzone; das gegenüberliegende Fitnessstudio darf man mitbenutzen. ●●

*Fanø 8

Mit ihrem breiten ***Sandstrand**, ausgedehnten Dünenwäldern zum Wandern und rund 2200 Sommerhäusern ist die Insel (5578 ha; 3150 Einw.) ideal für längere Aufenthalte. Die Inselorte Nordby im Norden und ***Sønderho** im Süden erscheinen mit ihren vielen reetgedeckten Fachwerkhäusern geradezu idyllisch. Ihre Kirchen wirken durch die vielen Votivschiffe fast schon wie Schifffahrtsmuseen. **Fanø Bad** am Nordseestrand wird dagegen von modernen Appartmenthotels geprägt.

Unter den Museen und Sammlungen erinnern die **Schifffahrts- und Trachtensammlung**, das ***Fanø Museum** (beide in Nordby) sowie **Hannes Hus** in Sønderho an die Zeiten, in denen die Insel noch Werftstandort und Heimat einer großen Handelsflotte war (18./19. Jh.).

Echt gut! Zu den Highlights des Insellebens zählen alljährlich **zwei große Feste:** Jedes Jahr Mitte Juni findet das größte internationale Kiteflyer-Meeting der Welt statt. Dann steigen Tausende von Drachen in den Himmel (www.kitefliersmeetingfanoe.de). Von Anfang Juli bis Mitte August bildet die Kirche von Nordby den Rahmen für Sommerkonzerte mit klassischer Musik (www.fanokoncerter.dk).

Info

■ **Fanø Turistbureau**
Færgevej 1
Tel. 70 26 42 00][Fax 70 26 42 01
www.visitfanoe.dk

Verkehr

Zwischen Esbjerg und Nordby besteht eine Fährverbindung. Buchung und Infos: www.scandlines.dk

Hotel

■ **Nørby Kro**
Strandvejen 12, Nordby
Tel. 75 16 35 89][Fax 75 16 62 98
www.noerbykro.dk
Gemütliches reetgedecktes Gasthaus in einem ehemaligen Dorfpolizeihof. Sehr gutes Restaurant. ●●-●●●

Camping

■ **Feldberg Familie Camping**
Rindby Strand
Tel. 75 16 36 80][Fax 75 16 33 33
www.feldbergcamping.dk
Südlich von Nordby; einer von insgesamt 9 Campingplätzen der Insel.

Restaurant

■ **Sønderho Kro**
Kropladsen 11, Sønderho
Tel. 75 16 40 09][Fax 75 16 43 85
www.sonderhokro.dk
Romantisches Relais & Châteaux-Haus mit exklusiver Küche und wenigen, dafür sehr schönen Zimmern. ●●●

*Blåvands Huk 9

Ein kantiger Leuchtturm markiert Dänemarks westlichsten Punkt. Breite Strände und der große, teilweise bewaldete Dünengürtel machen die umliegenden Siedlungen bei Gästen überaus beliebt. Mancherorts kontrastieren allerdings deutsche Atlantikwallbunker aus dem Zweiten Weltkrieg die Idylle (Bunkermuseum Tirpitz-Stellung, Tane Hedevej 40, tgl. 11–16 Uhr).

Karte Seite 92

Dünenlandschaft bei Hvide Sande

Restaurant

■ **Henne Kirkeby Kro**
Strandvejen 234, Henne Kirkeby
Tel. 75 25 54 00
www.hennekirkebykro.dk
Eines der besten Restaurants an Jütlands Westküste (Juli–Mitte Okt.). ●●●

Hvide Sande 10

Hvide Sande (3500 Einw.) liegt in der Mitte der schmalen Dünennehrung ****Holmsland Klit.** 1931 schuf man hier eine Verbindung zwischen Ringkøbingfjord und Meer. Im Umfeld der Schleuse entwickelte sich ein quirliger Fischerort. Werktags um 7 Uhr kann man Fischauktionen erleben. Natürlich gibt es auch ein **Fischereimuseum** mit Salzwasseraquarium (Nørregade 2B, Ostern–Okt. tgl. 10–17, sonst bis 16 Uhr).

Weiter nördlich bietet der 38 m hohe Leuchtturm ***Nørre Lyngvig** einen tollen Ausblick über das imponierende Küstenpanorama.

Søndervig 11

Ferienhäuser prägen den typischen Badeort. Nordwärts riegeln bis zu 30 m hohe Dünen den Blick aufs Meer ab, doch eine gute Aussicht hat man bei der weithin sichtbaren Seebarke auf Höhe des Stadils Fjord. Die ihm abgerungenen Ackerflächen sind ein bekannter Rastplatz für Zugvögel wie die Kurzschnabelgänse.

*Ringkøbing 12

Im Sommer kann man den Nachtwächtern bei ihrem Rundgang durch die Gassen des lebendigen Städtchens (9000 Einw.) folgen. Eine optische Täuschung lässt den Turm der gotischen Backsteinkirche am Marktplatz schief erscheinen, in Wirklichkeit aber wird er nach unten schmaler.

Zwei Kilometer westlich der Stadt lohnt die romanische Granitquaderkirche ***Gammel Sogn**

Der Leuchtturm Bovbjerg Fyr

Kirke mit eindrucksvollen Kalkmalereien von ca. 1170 einen Stopp. Bis 1847 war der Turm der Kirche zwölf Meter höher als heute und diente der Schifffahrt als wichtiges Seezeichen.

Info

■ **Turistbureau**
Nørregade 28, Hvide Sande
Tel. 70 22 70 01
www.ringkobingfjord.dk

Hotel

■ **Fjordgården**
Vester kær 28, Ringkøbing
Tel. 97 32 14 00][Fax 97 32 47 60
www.hotelfjordgaarden.dk
Ausgezeichnetes Familienhotel; Spaßbad, gute Küche. ●●–●●●

Herning 13

Herning ist eine junge Messestadt und eines der wichtigsten Kunstzentren des Landes. Hier präsentiert Dänemarks **Fotomuseum** (Museumsgade 28) die Geschichte der Fotografie. Und das ***Herning Kunstmuseum** bietet exquisite Kunst ab den 1960er Jahren, darunter Werke von Vaserély, Manzoni u. a. Den Innenhof ziert ein 220 m langer Keramikfries von Carl-Henning Pedersen (Birk Centerpark 3, Mai bis Okt. Di–So 10–17, Nov.–April Di–Fr 10–17 Uhr). Dem Künstler und seiner Frau widmet sich nebenan das ***Carl-Henning Pedersen und Else Alfelt Museum** in zwei extravaganten Bauten.

Nicht weit entfernt hebt sich Ingvar Cronhammers Installation ***Elia** (www.elia.dk), ein düsteres Mega-Kunstwerk: Aus einem 15 m hohen Stahlhügel schießt eine bis zu 10 m hohe Gasflamme auf.

Torsminde 14

In Torsminde, dem Fischerort an den Schleusenanlagen zwischen Nissum Fjord und Nordsee, zeigt das ****Strandungsmuseum St. George** Funde von zahllosen Schiffsstrandungen, insbesondere von der größten Katastrophe, die die dänische Westküste je erlebte: Weihnachten 1811 zerschlug ein Orkan zwei Schiffe der britischen Marine. Über 1300 Seeleute kamen dabei ums Leben (Jan.–März tgl. 11–16, April–Okt. tgl. 10–17, Nov. tgl. 10–15 Uhr).

Nördlich von Torsminde trifft man auf einen der beeindruckendsten Uferabschnitte Dänemarks: die bis zu 41 m hohe Steilküste am ***Bovbjerg**. Die schönste Aussicht und zugleich ein schönes Fotomotiv bietet der weinrote Leuchtturm ***Bovbjerg Fyr**.

Special

Das Erbe der Wikinger

Einst verbreiteten Menschen aus dem europäischen Norden Angst und Schrecken in weiten Teilen Europas: Die Wikinger plünderten in Köln und Paris, London und Lissabon. Eine ganze Epoche vom ausgehenden 8. bis zur Mitte des 11. Jhs. wurde nach ihnen benannt. Längst weiß man, dass die Nordleute der Wikingerzeit mehr als nur wilde Krieger waren. Sie siedelten in Schottland und Irland, gründeten Staatswesen in Ostengland und im Westen des Frankenreichs. Sie entdeckten Island, Grönland und fünf Jahrhunderte vor Kolumbus auch Amerika. In Dänemark beschränkt sich ihr Erbe nicht nur auf beeindruckende Funde wie das Totenschiff von Ladby auf Fünen oder die Runensteine von Jelling – seit 1994 von der UNESCO als Weltkulturerbe geadelt –, sondern vielerorts kann man auch ihrem Alltagsleben nachspüren!

Wie lebten die Wikinger wirklich?

Morten Kongsgaard ist unsicher: Auf der Hand des Knirpses krallt sich ein großer Greifvogel fest – also Panik? Aber da stehen Papa mit dem Camcorder und Mama, die dauernd winkt – also Freude? Familie Kongsgaard verbringt einen Tag im Wikingerzentrum bei Ribe. Morton umklammert schon eine Münze, die Papa mit einem präzisen Hammerschlag auf den Prägestempel gezaubert hat, er ritt wie die Wikinger auf einem Islandpferd, und er erlegte mit Pfeil und Bogen ein hölzernes Wildschwein. Und bei der Falknervorführung dürfen mutige Kids wie er den dicken Lederhandschuh überstreifen und einen der Vögel, mit denen schon die Nordleute vor 1000 Jahren zur Jagd gingen, auf der Hand landen lassen – natürlich passt ein Profi auf Kind und Vogel auf.

Der Runenstein von Jellinge

In Lustrupholm erlebt Familie Kongsgaard die Menschen der Wikingerzeit als Handwerker, Händler und Hobbyjäger, als Bäcker, Bauern und Baumeister. Fakten und Theorien, im nahen Ribe bei Ausgrabungen gewonnen, werden in lebendigen Szenen demonstriert – mitmachen erwünscht. Holzdübel für den Hausbau müssen geschlagen, Fladenbrot gebacken und Wolle mit Naturmitteln gefärbt werden.

Bunte Märkte, schnelle Spiele

Märkte mit nostalgischem Angebot vom Kettenhemd bis zum Trinkhorn und rasante Inszenierungen, die Stoffe aus berühmten Sagas auf Freilichtbühnen bringen, sind fester Bestandteil des dänischen Kultursommers. Die Nekropole Lindholm Høje bei Aalborg bildet jedes Jahr den Rahmen für einen großen Wikingermarkt (letztes Juniwochenende) und für Wikingerspiele (letzte Juni-/erste Juliwoche) unter freiem Himmel.

- **Ribe VikingeCenter**
Lustupvej 4, Lustrupholm
www.ribevikingecenter.dk
Geöffnet Mai–Juni Mo–Fr 10–15.30 Uhr, Juni–Aug. tgl. 11–17 Uhr, Sept. und Herbstferien 10–15.30 Uhr. Am Wochenende nach dem 1. Mai großer Wikingermarkt.

- **Vikingecenter Fyrkat**
Fyrkatvej 37 b, Hobro
www.vikingecenterfyrkat.com
Ausgegrabene Ringburg aus dem 10. Jh. und Nachbau eines Wikingerdorfes (Ostern – Ende August je nach Saison tgl. 10–16 bzw. 17 Uhr, im September 10–15 Uhr). Eine weitere Ringburg kann man in Trelleborg bei Korsør besichtigen. › S. 127

- **Bork Vikingehavn**
Fjordvej 2B, Hemmet
Geöffnet: Mitte März–Juni, Sept.–Mitte Okt. So–Fr 11–16 Uhr; Juli, Aug. tgl. 11–17; Mitte Okt–Dez. So–Di 12–16 Uhr. In der Hochsaison viele Sonderveranstaltungen, u. a. Wikingermarkt.

- **Forhistorisk Museum Moesgård**
Jeweils am letzten Juliwochenende spielt sich am Strand nahe dem Museum bei Århus das größte Wikingertreffen des Landes mit Markt und wilden Schaukämpfen ab.

- **Frederikssund Vikingespil**
www.vikingespil.dk
Zwischen Ende Juni und Anfang Juli gehen hier für drei Wochen die traditionsreichsten Wikingerspiele Dänemarks über die Bühne – inklusive Wikingergelage.

- **Jels Vikingespil**
www.jelsvikingespil.dk
Im Juli finden die Wikingerspiele in Jels auf einer traumhaft an einem See gelegenen Freilichtbühne statt; am ersten Wochenende auch Markt.

Karte Seite 92

Holstebro 15

Die Stadt (30 000 Einw.) wirkt sehr modern mit langen verkehrsberuhigten Einkaufsstraßen. Ein Bummel lohnt sich schon wegen der modernen **Kunstwerke**, die überall aufgestellt sind, darunter die »Meerjungfrau« im Foyer des »Hotel Schaumburg«, ein Replik der berühmten Kopenhagener Skulptur, und die »Frau auf dem Wagen« vom Schweizer Künstler Alberto Giacometti vor dem alten Rathaus. Spektakulär für Nachtschwärmer: die **Laserskulptur »Kaos Tempel«** am Sendemast des Regionalfernsehens östlich des Zentrums (Søvej 2).

Echt gut!

Wer moderne Kunst lieber im Museum genießt, kommt im **Holstebro Kunstmuseum** auf seine Kosten, gezeigt werden moderne Malerei und Grafik ab den 1930er-Jahren. Originell ist das **Kleinkunstmuseum** im ehemaligen Stadtzollhaus Bomhuset: Auf einer Mini-Fläche werden Mini-Kunstwerke präsentiert.

Info

■ Holstebro Turistbureau
Den Røde Plads 16
Tel. 96 11 79 40][Fax 96 11 78 79
www.visitholstebro.dk

Hotel

■ Nørre Vosborg
Vembvej 35, Vemb
Tel. 97 48 48 97
www.nrvosborg.dk
Westlich von Holstebro liegt das fast 500 Jahre alte Wasserschloss, die Wirtschaftsgebäude sind heute Hotel. ●●

Struer 16

Die Kleinstadt (19 500 Einw.) am Limfjord lebt einerseits mit ihrem Jachthafen vom Tourismus, anderseits aber von Bang & Olufsen. Die berühmte dänische Hi-Fi-Schmiede produziert hier seit über 80 Jahren. Seit 2008 erzählt ein Anbau am kulturhistorischen **Struer Museum** die Firmengeschichte und zeigt deren Designklassiker (Søndergade 23, Di–Fr 10–16 Uhr, Sa–So 10–17 Uhr).

Noch mehr über **Bang & Olufsen** erfährt man an ausgesuchten Tagen im Juli und August bei einer Fabrikführung (Infos im Struer Turistbureau).

Echt gut!

Info

■ Struer Turistbureau
Ved Fjorden 25
Tel. 97 85 07 95][Fax 97 85 17 13
www.visitstruer.dk

Thyborøn 17

Der Ort (2800 Einw.) ist ein bedeutender Fischereihafen. Fischerei- und Rettungswesen sind Themen eines Museums in der alten Fischauktionshalle am Innenhafen. Ein Bunkermuseum informiert über die Bedeutung der »Festung Thyborøn«, die die deutschen Besatzer 1943/44 als Teil des Atlantikwalls bauen ließen; der ***Bunkerpfad** führt zu einigen der ehemals 106 Betonbauten an der Küste.

Wer immer schon einen Hai streicheln wollte, darf das im Streichelbecken des **Jyllands-Ak-**

variet (Vesterhavsgade 16, www.jyllandsakvariet.dk, tgl. 10–16 Uhr, in der Hochsaison länger). Nebenan können Sie im **Kystcentret Thyborøn** interaktiv experimentieren (Kystcentervej 3, tgl. 10–16, Juni–Aug. bis 18 Uhr).

Vestervig 18

Vestervig war im frühen Mittelalter mit Kloster, Bischofssitz und Kathedrale eine wichtige Stadt. Die Versandung der Limfjordmündung Ende des 11. Jhs. läutete den Niedergang ein. Lediglich die größte Dorfkirche Nordeuropas sowie das sagenumwobene Grab Liden Kirstens blieben als Zeugen der einstigen Blütezeit bestehen.

In ***Ydby Hede** erinnern 50 Grabhügel aus der Bronzezeit daran, dass das Gebiet am Limfjord schon seit ewigen Zeiten von Menschen besiedelt ist.

Dänemarks erster Nationalpark

In Thy liegt Dänemarks erster Nationalpark. Seit Sommer 2008 ist ein Teil der Nordseeküstenregion Thy – zwischen der Hafenstadt Hanstholm im Norden und der Limfjord-Landzunge Agger Tange im Süden – unter besonderen Schutz gestellt. Damit wird eine typische dänische Küstenlandschaft mit Stränden, Dünen, Heide, Wäldern und kleinen Binnenseen aber auch der Ort Nørre Vorupør geschützt. Weiterführende Informationen: www.danmarksnationalparker.dk

Burg Spøttrup 19

Größte Attraktion der Halbinsel Salling ist die mittelalterliche ****Burg Spøttrup**. Sie verschanzt sich hinter mächtigen Wällen sowie einem Wassergraben. Die Burg im Stil der Gotik mit ihren Gärten zählt zu den ältesten im Land (www.spottrupborg.dk, Mai–Aug. tgl. 10–18, Sept. bis 17, Okt. bis 16 Uhr).

*Fur 20

Die kleine Limfjordinsel ist für geologisch Interessierte ein Muss, denn hier treten 50 Mio. Jahre alte gefaltete Ablagerungen eines Urmeeres mit erkennbaren Ascheschichten von Vulkanausbrüchen aus der Frühzeit der Erde an die Oberfläche. Die sogenannte Molererde formt am Nordstrand eine beeindruckende Steilküste. Die Hintergründe erklärt das geologische **Fur-Museum** (April–Okt. tgl. 12–16, Juli–Aug. 10–17 Uhr).

Verkehr

Eine Fähre geht von Branden auf Salling nach Fur (tagsüber alle 15 Min., sonst halbstündlich bis stündlich).

*Mors 21

Ein Highlight der Insel (36 331 ha; 22 200 Einw., www.visitmors.dk) ist der ****Jesperhus Blomsterpark**, ein Freizeitpark mit Aquarium, Terrarium, Vogelhäusern und Gärten (www.jesperhus.dk). Im einstigen Johanniterkloster Dueholm in **Nykøbing** informiert das

Karte Seite 97

Morslands Historiske Museum über die regionale Geschichte. Das ***Molermuseum** in Sejerslev (Nordmors) zeigt Fossilienfunde und informiert über die Molererde, aus der die über 60 m hohen Klippen ***Hanklit** und die Landzunge Feggeklit geformt sind.

Restaurant

■ **Feggesund Kro**
Feggesundvej 81, Nykøbing/Mors
Tel. 97 75 10 32
Gute Fischküche im Inselnorden. ●●

Geologisches Phänomen: Hanklit

Nørre Vorupør 22 und Klitmøller 23

Im kargen Küstenabschnitt von **Thy** liegt **Nørre Vorupør**. Er ist einer der letzten Orte Dänemarks, in dem noch traditionelle Küstenfischerei betrieben wird. Weil ein Naturhafen fehlt, müssen die Fischer ihre Boote wie früher an den Strand ziehen. 15 km nördlich liegt **Klitmøller,** eines der besten Surfreviere Europas.

Hanstholm 24

Hanstholm (5800 Einw.) wuchs nach dem Bau des Hafens 1967 sprunghaft. Von hier starten Fähren nach Norwegen, Island, Färöer und den Shetland-Inseln (www.hanstholmhavn.dk). Der 30 m hohe Leuchtturm von 1848 zählt mit seiner 4000-Watt Lampe zu den lichtstärksten der Welt.

Eine Attraktion ist die gigantische, zeitweilig von 6000 deutschen Soldaten betriebene **Kanonenstellung** aus dem Zweiten Weltkrieg. Ein Museumscenter informiert und die einstige Munitionsbahn kutschiert durch die Dünen (Febr.–Okt. tgl. 10–16 Uhr).

Hotel

■ **Hotel Hanstholm**
Chr. Hansensvej 2, 7730 Hanstholm
Tel. 97 96 10 44
www.hotelhanstholm.dk
Schickes Vier-Sterne-Hotel mit gutem Restaurant. ●●●

Jammerbugt

Im Hinterland der Urlaubsregion Jammerbugt reihen sich beliebte Badeorte wie **Løkken** oder **Blokhus** 25 mit dem Freizeitpark **Fårup Sommerland** › Special S. 18 aneinander. Etwas landeinwärts ragt das ***Børglumkloster** 20 mit seiner mächtigen Klosterkirche auf, einst Bischofssitz für Nordjütland.

Bei ***Lønstrup** kann man einer Wanderdüne bei der Arbeit zusehen: Die 90 m hohe ****Rubjerg**

Knude 27 hat dem Leuchtturm zunächst den Meerblick genommen, dann musste das benachbarte Flugsandmuseum aus seinen Räumlichkeiten flüchten. Weil die Düne weiter in Richtung Nordosten zieht, muss sich die südlich gelegene romanische **Mårup Kirke** mit hübschem Seemannsfriedhof nicht vor Sand fürchten. Allerdings nagt hier das Meer beharrlich an der Steilküste, auf der sie (noch) steht.

Hotels

■ **Kokkedal Slot**
Kokkedalvej 17, Brovst
Tel. 98 23 36 22][Fax 96 34 44 34
www.slotshotel.dk
Romantisches Schlosshotel auf einem Hügel mit Himmelbetten und sehr guter Küche. ●●●

■ **Feriecenter Grønhøj Strand**
Ingeborgvej 2, Løkken
Telefon 98 88 32 22][Fax 98 88 36 50
www.gronhoj-strand.dk
Schöne Ferienanlage am Meer mit Badeland und Multisporthalle. ●●

Hirtshals 28

Der ***Hafen** und die Fähre nach Norwegen (www.fjordline.de) bilden die Existenzgrundlagen der Stadt Hirtshals (14 000 Einw.).

Absolut sehenswert ist das ****Nordsøen Oceanarium** mit einer Freiluftanlage für Robben und dem größten Aquarium Nordeuropas. Star hinter der gigantischen Glasscheibe ist ein Mondfisch (Willemoesvej 2, je nach Saison tgl. 9–16/17/18 Uhr; im Dez. nur 27.–30.12. 9–17 Uhr). Täglich um 13 Uhr steigt ein Taucher zur **Fütter-Show** in das große Aquarium (Juli/Aug. auch 16Uhr).

Echt gut

Hotel

■ **Skaga Hotel**
Willemosevej 1
Tel. 98 94 55 00][Fax 98 94 55 55
www.skagahotel.dk
Das moderne und sehr gut ausgestattete Hotel mit großen, hellen Zimmern verfügt zudem über das beste Restaurant im Ort. ●●–●●●

Camping

■ **Hirtshals Camping**
Kystvejen 6
Tel. 98 94 25 35][Fax 98 94 33 45
www.hirtshals.dk-camp.dk
Guter Campingplatz in toller Lage über dem Meer. Mai–Sept. ●●

Ausflüge von Hirtshals

Adlerwarte Ørnereservatet

Bei der Adlerwarte Ørnereservatet rund 24 km östlich von Hirtshals zeigen Greifvögel bei **Falknervorführungen ihre spektakulären Flugkünste (Skagensvej 107, Bindslev, www.eagleworld.dk, April–Sept.).

Wanderdüne **Råbjerg Mile 29

Bei Hulsig sollte man einen Abstecher zur 800 m breiten und 2 km langen Wanderdüne Råbjerg Mile machen, deren weiße Sandmassen sich pro Jahr bis zu 20 m nach Osten schieben.

Karte Seite 97

6 **Skagen 30

Die nördlichste Stadt Dänemarks (11 000 Einw.) liegt mit allen Museen und mit dem Hafen, in dem werktags Fischauktionen stattfinden und der gute Fischlokale aufzuweisen hat, an der Ostseeseite. Ihr dezent mondäner Badeort **Gammel Skagen** dagegen ist an der Nordseeseite zu finden.

Skagen musste 1795 seine vom Sandflug bedrohte Kirche ***Den tilsandede Kirke** aufgeben, deren Turm heute Wahrzeichen der Stadt ist. Um 1900 sammelte sich die Gruppe der Skagen-Maler um P. S. Krøyer und das Ehepaar Michael und Anna Ancher. Das ****Skagens Museum** widmet sich ihnen mit seiner 1800 Arbeiten umfassenden Sammlung ausführlich. Alle wichtigen Künstler sind vertreten (Brøndumsvej 4, Mai bis Aug. tgl. 10–17, Mi bis 21, Febr. bis April und Sept.–Dez. Di–So 10–17 Uhr). Über die einzigartige Natur dieser Region informiert das ***Skagen Odde Naturcenter** (Batterivej 51, tgl. 10–16 Uhr).

****Grenen** bildet die Nordspitze Kontinentaleuropas. Auf der Sandzunge ist es Brauch, mit je einem Fuß in Nord- und Ostsee zu stehen, deren Wellen hier gegeneinander schlagen.

! Wegen der unberechenbaren Strömung besteht Badeverbot!

Info

■ **Turistbureau**
Skt. Laurentii Vej 22
Tel. 98 44 13 77
www.skagen-tourist.dk

Den tilsandede Kirke von Skagen

Hotels

■ **Petit**
Holstvej 4
Tel. 98 44 11 99][Fax 98 44 58 50
www.hotelpetit.dk
Hübsches, kleines Hotel in der Stadtmitte. ●●●

■ **Brøndums Hotel**
Anchersvej 3
Tel. 98 44 15 55][Fax 98 45 15 20
www.broendums-hotel.dk
Einstiger Treffpunkt der Skagen-Maler mit Kunst und Köstlichkeiten. ●●

■ **Sømandshjem**
Østre Strandvej 2
Tel. 98 44 25 88][Fax 98 44 30 28
www.skagenhjem.dk
Einfaches Hotel am Hafen. ●●

■ **Danhostel Ny Vandrerhjem**
Rolighedsvej 2
Tel. 98 44 22 00][Fax 98 44 22 55
www.danhostelnord.dk/skagen
Jugendherberge am Stadtrand. ●●

Restaurant

■ **Skagen Fiskerestaurant**
Fiskehuskajen 13
Tel. 98 44 35 44
Gute Fischküche, mit Hafenblick. ●●

Karte
Seite 92

Unterwegs in Ostjütland

Kruså 31

Der Ort liegt direkt hinter der Grenze. Anziehungspunkt sind die Geschäfte, die anbieten, was in Dänemark vermeintlich billiger ist als daheim (z.B. Käse, Tee).

Nachdenklich macht ein Besuch des ehemaligen Internierungslagers ***Frøslevlejren** westlich des Ortes. Ab 1944 wurde es für viele Dänen aus dem Widerstand zur Station auf dem Weg in die Vernichtungslager (Lejrvej 83, Mo–Fr 9–16, Sa, So 10–17, Mitte Juni–Mitte Aug. tgl. 10–17 Uhr).

Hotel

■ **Fakkelgaarden**
Fjordvejen 44, Kollund
Tel. 73 67 83 00][Fax 73 67 83 63
www.fakkelgaarden.dk
Tophotel in Toplage über dem Fjord nahe Kruså mit erstklassigem Gourmet-Restaurant. ●●●

Gråsten Slot 32

Im Sommer wird das Schloss von der königlichen Familie bewohnt. Es entstand ab 1757 aus den Resten eines durch einen Brand zerstörten Vorgängers. Zum Glück blieb die ***Barockkirche** von 1699 verschont. Kirche und Schlosspark kann man besichtigen.

Echt gut!

Täglich um 12 Uhr findet die **Wachablösung** statt. Jeden Freitag zieht sie ab 11.30 Uhr mit Musikbegleitung durch die Stadt.

Dybbøl 33

Dybbøl (2000 Einw.) ist eng mit dänisch-deutscher Geschichte verknüpft: 1864 überrannte eine preußische Übermacht die dänischen Verteidiger der Düppeler Schanzen. Damit ging Südjütland für die folgenden 56 Jahre verloren. Die ***Mühle** von Dybbøl mit dem Geschichtszentrum ist ein Symbol nationalen Gedenkens (Dybbøl Banke 7, Mitte April–Juni, Sept.–Mitte Okt. tgl. 11–16 Uhr, Juli–Aug. 10–17 Uhr).

Als 34

Über zwei Brücken erreicht man die Insel Als, ein beliebtes Urlaubsdomizil mit vielen Campingplätzen und Ferienhäusern, aber auch mit einem der größten Industriebetriebe des Landes: Danfoss, bekannt für seine Heiztechnik. Dieser initiierte in Nordborg den Erlebnispark ***Danfoss Universe**. Spielerisch können Kinder hier in die Welt der Technik und Wissenschaft eintauchen und spuckende Geysire und Vulkane erleben (Mads Patent Vej 1, www.danfossuniverse.com, je nach Saison tgl. 10–16/17/18 Uhr).

*Sønderborg 35

Die größte Stadt (30 000 Einw.) der Insel erstreckt sich beiderseits der Einfahrt in den Als-Sund, die vom ***Schloss Sønderborg** be-

Karte Seite 92

wacht wird. Das vierflügelige Backsteingebäude beherbergt ein Museum zur Geschichte und Kultur Südjütlands (Mai–Sept. tgl. 10–17; Okt.–März Di–So 13–16, April 10–16 Uhr). Sehr malerisch ist der Hafen.

Info

Sønderborg Turistbureau
Rådhustorvet 7
Tel. 74 42 35 55][Fax 74 42 57 47
www.visitsonderborg.com

Hotels

Comwell Sønderborg
Rosengade 2, Sønderborg
Tel. 74 42 19 00][Fax 74 42 19 50
www.comwell.com
Komfortables Hotel am Strand unweit von Schloss und Fußgängerzone. ●●●

Danhostel Sønderborg City
Kærvej 70, Sønderborg
Tel. 74 42 31 12][Fax 74 42 56 31, www.danhostel.dk
Moderne Jugendherberge mit vielen Familienzimmern. ●

Camping

Madeskov Camping
Madeskov 9, Sønderborg
Tel. 74 42 13 93
Familiencampingplatz in Strandnähe.

Restaurant

Bella Italia
Lille Rådhusgade 31
Tel. 74 42 54 00
Große Pizzen im Fachwerkhaus. ●●

*Haderslev 36

Haderslev (21 000 Einw.) liegt am Ende eines schmalen Fjords, der sich westlich der Stadt als See fortsetzt. Dominierendes Bauwerk in der sehenswerten ***Altstadt** ist die gotische Vor Fruekirke mit 16 m hohen Chorfenstern. Das ***Haderslev Museum** zeigt historische Funde und in einer Freiluftabteilung ländliche Bauten. Kutschen sind in der **Slesvigske Vognsamling** zu bewundern, Keramik und Steingut in Louis Eh-

Malerisch reihen sich historische Häuser am Hafen von Sønderborg

lers **Lertøssamling,** untergebracht im restaurierten, über 400 Jahre alten Fachwerkbau (Slotsgade 20).

Christiansfeld 37

Christiansfeld wurde 1773 von der Herrnhuter Brüdergemeine errichtet, deren schlichte Architektur das Ortsbild bestimmt. Typische Beispiele sind die Kirche und das Museum. Sehr beliebt ist der **köstliche Honigkuchen** der Bäckerei.

Echt gut!

Kolding 38

Vom Mittelalter bis 1920 war Kolding (55 000 Einw.) Grenzstadt des Königreichs Dänemark zum Herzogtum Schleswig. Die Stadt bietet zwei echte Highlights: das ****Kunstmuseum Trapholt** (Æblehaven 23, Di–So 10–17 Uhr) mit Gegenwartskunst, Kunsthandwerk und Möbeldesign sowie ****Schloss Koldinghus** mit kulturhistorischen Sammlungen. 1806 brannte das Schloss nieder. Der Wiederaufbau dauerte bis ins 20. Jh. und ist genial gelungen (Markdannersgade 1, tgl. 10–17 Uhr).

Hotels

■ Comwell Kolding
Skovbrynet 1
Tel. 76 34 11 00][Fax 76 34 12 00
www.comwell.com
Schön gelegenes Luxushotel. ●●●

■ Saxildhus
Jernbanegade 39
Tel. 75 52 12 00][Fax 75 53 53 10
www.saxildhus.dk
Vier-Sterne-Hotel unweit von Schloss und Fußgängerzone. ●●–●●●

Fredericia 39

Fredericia (30 000 Einw.) entstand nach 1650 als Festungsstadt. Um ihr Bevölkerungszuwachs zu sichern, gewährte man ihr Privilegien. So zog die gewährte Religionsfreiheit insbesondere Katholiken, Juden und Hugenotten an. Anschaulich präsentiert das **Bymuseet** die Stadtgeschichte (Jernbanegade 10, Di–So 12–16 Uhr).

Hotel

■ Best Western Kronprinds Frederik
Vestre Ringvej 96
Tel. 75 91 00 00][Fax 75 91 19 99
www.hotel-kronprinds-frederik.dk
Vier-Sterne-Hotel am Stadtrand. ●●●

Camping

■ Trelde Næs Supercamp & Vandland
Trelde Næsvej 297, Trelde Næs
Tel. 75 95 71 83][Fax 75 95 75 78
www.trelde.dk
Herrlich gelegener Platz am Vejle Fjord mit Hütten (April–Okt.).

Vejle 40

Vejle (48 000 Einw.) liegt in naturschöner Umgebung am Ende des Vejle Fjords, den eine 1710 m lange Autobahnbrücke überspannt. Schmuckstück im Zentrum ist **Den Smidtske Gård,** ein restaurierter Kaufmannshof von 1799, der heute Läden und eine Ausstellung zur Stadtgeschichte beherbergt. In der spätgotischen **Skt. Nicolai Kirke** ruht eine Moorleiche aus der Eisenzeit (ca. 490 v. Chr.). Bei ihrer Entdeckung 1835 hielt man sie für eine Wikin-

Schloss Koldinghus behält die Narben der Geschichte

gerkönigin; deshalb spendierte ihr Frederik VI. einen edlen Sarg.

Hotel

Munkebjerg
Munkebjergvej 125, Vejle
Tel. 76 42 85 00][Fax 75 72 08 86
www.munkebjerg.dk
Nobles Hotel mit eigenem Kasino in Traumlage auf dem Munkebjerg oberhalb des Vejle Fjords. ●●–●●●

Egtved 41

Der Ort (2100 Einw.) wurde durch das »Mädchen von Egtved« berühmt. Vor ca. 3000 Jahren bestattete man es in einem Grabhügel. Ein Museum zeigt Kopien des Fundes von 1921. Die Originale sind im Nationalmuseum Kopenhagen ausgestellt.

Weiter nördlich am Rand des malerischen Tals ***Vejle Ådal**, gestalteten der Däne Robert Jacobsen und der Franzose Jean Clareboudt die aufgelassene Kiesgrube ****Tørskind Grusgrav** mit neun Landschaftsskulpturen zu einem großartigen Gesamtkunstwerk.

7 **LEGOLAND Park 42

Bei Billund (6000 Einw.) lockt der LEGOLAND Park mit einer liebevoll aus Millionen LEGO-Steinen aufgebauten Minitaurwelt mit Mount Rushmore, Abu Simbel oder Thai-Tempeln. In jeder Saison – 2008 bereits die 40. – eröffnen neue Attraktionen. Einen Besuch wert sind das ***Puppenmuseum**, der ***Miniaturpalast Titania's Palace** oder die Westernstadt. Action bieten die Achterbahn, das Mini-Autorennen **Dragster Racing** und die neuen **Falck-Feuerwehr-Autos**: Hier pumpen Familien um die Wette Wasser in ein brennendes Haus.

Arbeitswelten von einst zeigt das Industriemuseum von Horsens

Wer vor seinem Lieblingskarussell nicht in der Schlange stehen will, kann sich im Internet einen **QuickPass** ausdrucken, separate QuickPass-Eingänge verkürzen dann die Wartezeit.

Info

Ved Lego Parken
Tel. 76 50 00 55][Fax 75 35 31 79
www.legoland.dk
Ende März bis Ende Okt. tgl. 10–18/20 Uhr, in der Hauptsaison bis 21 Uhr. Tickets: Erw. 259 DKK, erm. 229 DKK.

Hotel

Legoland
Aastvej 10
Tel. 75 33 12 44][Fax 75 35 38 10
www.hotellegoland.dk
Großes Hotel mit Parkzugang. ●●

Das große Reich der kleinen Steine

Der Konzern LEGO (aus leg godt – spiel gut) ging in den 1930er-Jahren aus der kleinen Tischlerwerkstatt von Ole Kirk Christiansen in Billund hervor und wird bis heute von der Gründerfamilie kontrolliert. 1958 erfand sein Sohn den berühmten Plastikstein mit den acht Noppen. Er ist die Grundlage für das Baukastensystem, das heute in 130 Ländern verkauft wird.

Jelling 43

In Jelling, der Wiege Dänemarks, residierten um 950 Gorm der Alte und später sein Sohn Harald. Runeninschriften auf den beiden ***Jellinge Steinen** – seit 1994 UNESCO-Weltkulturerbe – berichten von der Reichsgründung und der Christianisierung Dänemarks unter ihrer Herrschaft. Das Geschichtszentrum **Kongernes Jelling** informiert über die Hintergründe (Gormsgade 23, Mai–Sept. Di–So 10–16, Okt.–April Di–Fr 13–16 Uhr).

Karte Seite 96

*Horsens 44

In Horsens (49 000 Einw.) wurde Dänemarks breiteste Hauptstraße, die ***Søndergade,** zur Einkaufsmeile umgestaltet. Sehenswerte Häuser erinnern an die Blütezeit der Stadt im 17. und 18. Jh. Die ***Vor Frelsers Kirke**, eine frühgotische Backsteinkirche aus dem 13. Jh., besitzt reiches Interieur; noch prächtiger wurde im Laufe der Jahrhunderte die **Klosterkirche** ausgestattet.

Das ****Horsens Kunstmuseum** hat eine hervorragende Abteilung moderner Kunst (Carolinelundsvej 2, Di–So 11–16 Uhr, Juli–Aug. tgl. 10–16 Uhr). Sehenswert ist das ***Arbeiter-, Handwerker- und Industriemuseum**, das Arbeitsbedingungen zur Jahrhundertwende thematisiert. In der Tradition großer Reiterstandbilder steht Bjørn Nørgaards ***Apokalyptischer Reiter** (1992).

Hotels

- **Jørgensens Hotel**
Sønderg. 17–19
Tel. 75 62 16 00][Fax 75 62 85 85
www.jorgensens-hotel.dk
Vornehmes Haus im barocken Lichtenbergschen Palais von 1744. ●●●

- **Scandic Hotel Bygholm Park**
Schuttesvej 6
Tel. 75 62 23 33][Fax 75 61 31 05, www.scandic-hotels. com
Hotel in einem Gutshof von 1775. ●●●

- **Horsens Vandrerhjem**
Flintebakken 150
Tel. 75 61 67 77][Fax 75 61 08 71
www.danhostelhorsens.dk
Gutes Hostel am Naturschutzgebiet. ●

Camping

- **Husodde Camping**
Husoddevej 85
Tel. 75 65 70 60, Fax 75 65 50 72
Platz mit Hütten, 5 km vom Strand.

8 **Samsø 45

Die 28 km lange und nur 7 km breite Insel (11 206 ha; 4100 Einw.) liegt südöstlich von Århus im Kattegat. Sie ist ein populäres Ziel für Tagesausflüge – besonders für Radler –, taugt aber auch für einen längeren Urlaub. Neben den Marinas für Wassersportler und den Reiterhöfen kann sie sogar einen 18-Loch-Golfplatz bieten.

Samsøs Geschichte ist so alt wie die Dänemarks, davon zeugen die vielen Stein- und Bronzezeitgräber. In der Wikingerzeit war der Stavns Fjord ein wichtiger Sammlungsplatz für Schiffe, nachgewiesen sind aus damaliger Zeit eine Kaianlage und der 800 m lange und 11 m breite ***Kanhave Kanal**

Zurück ins Mittelalter

Ende August fällt Horsens für ein Wochenende so konsequent ins Mittelalter zurück wie kaum eine andere Stadt in Europa. Besonders sympathisch: An der Gestaltung des Europäischen Mittelalterfestivals beteiligen sich nicht nur professionelle Zeitreisende, sondern auch viele Bürger der Stadt. Versuchen Sie unbedingt, Karten für ein abendliches Mittelaltermahl zu bekommen. Infos: www.middelalderfestival.dk

quer durch den Landstreifen, der Nord- und Süd-Samsø verbindet.

Die Kirche der Inselhauptstadt **Tranebjerg** bekam im späten Mittelalter einen zur Trutzburg ausgebauten Turm, neben dem das eigentliche Kirchenschiff wie eine Hütte wirkt.

Der von kleinen Fachwerkhäusern gesäumte romantische Dorfteich ist das Schmuckstück von ***Nordby.** Hier liegt die Kirche rund 1 km außerhalb; seit 1857 ertönt im Dorf ein zusätzlicher **Glockenturm**.

Mit der ungewöhnlichen Hügellandschaft ***Nordby Bakker**, durchzogen von Wanderwegen, mit Fernsicht nach Jütland und Seeland vom Aussichtsturm auf dem 64 m hohen Ballebjerg, sowie der einzigartigen Inselwelt am ****Stavns Fjord** besitzt Samsø Natur- und Landschaftsschutzgebiete ersten Ranges.

Info

Samsø Turistbureau
Langgade 32, Tanebjerg
Tel. 86 59 14 00][Fax 86 59 31 73
www.samsoeturist.dk

Verkehr

Samsø Linien
Tel. 70 10 17 44
www.samsoelinien.dk
Fähren nach Samsø starten von Hov auf Jütland (tgl. 5–8 Abfahrten, Dauer: 75 Min.) und Kalundborg auf Seeland (tgl. 2–4 Abfahrten, Dauer: 110 Min.).

9 * Silkeborg 46

Die freundliche Stadt zwischen den Seen (36 000 Einw.) lädt zu Kunstgenuss, Wandern und Wassersport ein. ****Aqua**, ein Museums- und Aktivitätscenter mit dem größten Frischwasseraquarium Nordeuropas, bietet Wissenswertes zum Thema Süßwasser

In Silkeborg legt ein historischer Raddampfer ab

(Vejlsøvej 51, www.ferskvandscentret.dk, Juli, Aug. tgl. 10–18, sonst Mo–Fr 10–16, Sa, So 10–17 Uhr).

Daneben besitzt die Stadt zwei hochkarätige Museen: Das **Silkeborg Kunstmuseum** ging aus der Sammlung des Künstlers Asger Jorn (1914–1973) hervor. Mit eigenen Werken und von ihm gesammelten Arbeiten wollte Jorn den Ursprung und die Entwicklung der abstrakt-spontanen Kunst dokumentieren. Beeindruckend ist sein Großgemälde **Stalingrad** (1952–72). (Gudenåvej 7–9, April–Okt. Di–So 10–17, sonst Di–Fr 12–16, Sa, So 10–17 Uhr). Herausragende Abteilung im ***Silkeborg Museum** ist die Eisenzeitausstellung rund um die 2200 Jahre alte Moorleiche des **Tollundmannes**, dessen Kopf faszinierend gut erhalten ist (Hovedgårdsvej 7, Mai bis Mitte Okt. tgl. 10–17 Uhr, sonst nur Sa, So 12–16 Uhr).

Auch in der näheren Umgebung gibt es ungewöhnliche Museen zu entdecken. 15 km nordöstlich kann man in Gjern in ***Jütlands Automobilmuseum** 140 Oldtimer bewundern, deren jüngster 1960 gebaut wurde (Skovvejen 13, Mitte Mai–Aug. tgl. 10–17 Uhr, Sept., Okt., April, Mai nur Sa, So 10–17 Uhr). Südöstlich liegt Svejbæk. Dort hat man das Interieur der Pension »Ludvigslyst« aus dem Jahr 1906 erhalten und zum ***Hotel- und Restaurantmuseum** umfunktioniert, in dem man selbstverständlich auch bedient wird (Julsøvej 248, Mai bis Sept. Di–So 10–22 Uhr).

Die reizvollste Art, die Region um Silkeborg zu entdecken, ist eine Rundfahrt mit dem **Raddampfer Hjejlen**, der seit 1861 auf fester Route im Einsatz ist (www.hjejlen.com). Er legt auch am Fuß des 147 m hohen ****Himmelbjerg** an, der lange Zeit fälschlicherweise als höchster Gipfel Dänemarks galt. Ein Aufstieg wird mit traumhafter Aussicht über die Seen belohnt!

Echt gut!

Info

Turistbureau
Åhavevej 2 A
Tel. 86 82 19 11][Fax 86 81 09 83
www.silkeborg.com

Hotels

Dania
Torvet 5
Tel. 86 82 01 11][Fax 86 80 20 04
www.hoteldania.dk
Traditionsreiches Haus mit Stil. ●●●

Himmelbjerget
Tel. 86 89 80 45][Fax 86 82 00 68
www.hotel-himmelbjerget.dk
Modernes Hotel auf dem Gipfel des Himmelbjerget. ●●

**Århus 47

Die Hafenstadt (228 000 Einw.) an der Ostküste Jütlands präsentiert sich als Gegenpol zur Hauptstadt Kopenhagen. Besonders attraktiv macht sie ihre Nähe zur Natur: im Norden und Süden Wälder, im Westen die Seenlandschaft des Brabrandsø und im Osten die Århus-Bucht mit schönen Stränden. Århus geht auf eine Gründung in der Wikingerzeit zurück, wird

948 Bischofssitz und bekommt 1441 die Stadtrechte. Der Hafen und der Bau der Eisenbahn Mitte des 19. Jhs. bilden Grundlagen für die heutige Größe. Die Staatsbibliothek und die mit über 30 000 Studenten zweitgrößte Universität des Landes sind in der Stadt angesiedelt. Das ausgezeichnete Kulturangebot erlebt alljährlich bei den Århus-Festwochen seinen Höhepunkt.

*Rådhus A

Der marmorverkleidete Stahlbetonbau des Rathauses ist ein Hauptwerk des Funktionalismus (1938–41), geschaffen von Arne Jacobsen und Erik Møller.

Musikhuset B

Das moderne Musikhaus mit seiner transparenten Glasfront ist das Herz des Kulturlebens der Stadt mit Symphoniekonzerten (Sept.–Juni), Aufführungen der »Jyske Opera« und Gastspielen internationaler Stars. Im Foyer gibt es ein Café und ein Restaurant (Thomas Jensens Allé, www.musikhusetaarhus.dk, Tickets: Tel. 89 40 40 40).

*Århus Kunstmuseum AroS C

Der moderne Kubus des Kunstmuseums ARoS eröffnete im Frühjahr 2004. Auf einer Fläche von über 17 000 m² wird ausgezeichnete dänische Kunst des 18. und 19. Jhs. sowie moderne Kunst gezeigt. Fast schon allein einen Besuch wert ist der Blick ins zehn Stockwerke hohe Atrium mit den elegant geschwungenen Galerien (Aros Allé 2, www.aros.dk, Di–So 10–17, Mi bis 22 Uhr).

Århus-Kunstbygning D

Das »Kunstgebäude« ist einer der größten Ausstellungsorte für zeitgenössische Kunst in Dänemark. Gezeigt werden Wechselausstellungen mit dänischen und internationalen Künstlern (Mørksgade 13, www.aarhuskunstbygning.dk, Di–So 10–17, Mi bis 21 Uhr).

*Domkirke E

Der Straßenzug Ryesgade–Søndergade–Clemens Torv, die Einkaufszeile von Århus, wird gern wie ihr Kopenhagener Pendant »Strøget«, der Strich, genannt. Er zieht sich durch das Zentrum bis zum Dom. Dänemarks längste Kirche wurde 1520 im gotischem Stil vollendet. Ein vergoldeter ***Flügelaltar** des Lübecker Meisters Bernt Notke von 1479 ist das Prunkstück im Inneren.

*Latinerkvarteret F

Latinerkvarteret ist der älteste Stadtteil von Århus. Mit seinen engen Gassen und schmucken Häusern lädt das Viertel zu romantischen Spaziergängen ein – aber auch Shopping-Freunde und Szenegänger kommen auf ihre Kosten. Kleine Boutiquen wechseln sich ab mit Cafés und Restaurants. Zentrum des Viertels ist der **Pustervig Torv** mit seinen vielen Kneipen. Im Sommer sitzt man hier bis spät abends draußen und mitunter wird der Platz zum Schauplatz eines Livekonzerts.

Echt gut

Restaurant

■ **Mefisto Gourmetbar og café**
Volden 28
Tel. 86 13 18 13
www.mefisto.dk
Gepflegt aber nicht spießig ist das Ambiente für die hervorragende Küche. Von 11.30–15 Uhr Brunch. ●●–●●●

**Vor Frue Kirke G

Die Kirche wurde im 13. Jh. erbaut. Im Inneren fallen der ***Flügelaltar** von Claus Berg mit einer turbulenten Kreuzigungsszene und das Triumphkruzifix (1400) auf. Unter dem Chor entdeckte man die dreischiffige Krypta einer

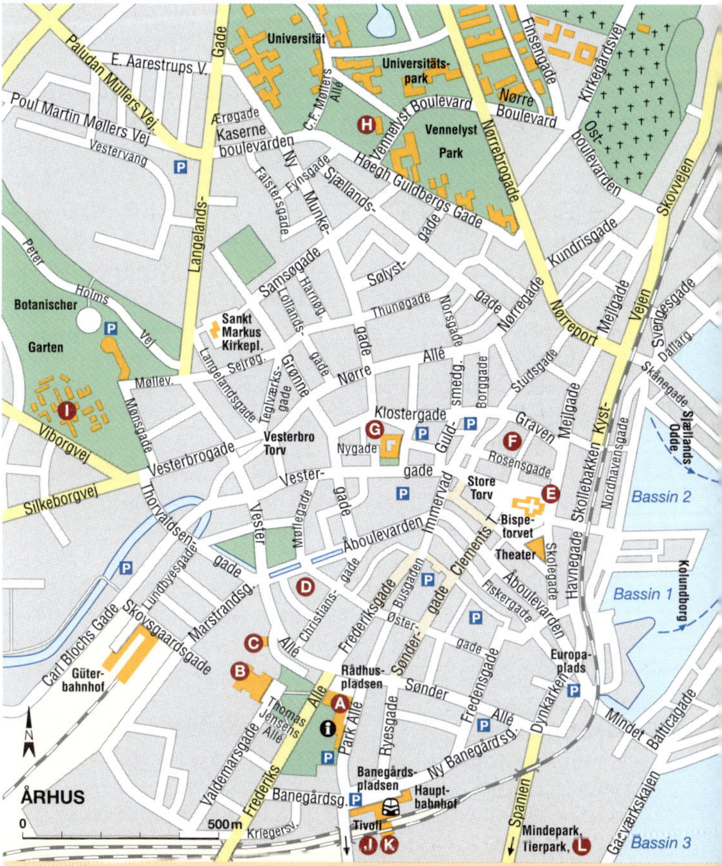

A Rådhus
B Musikhuset
C Århus Kunstmuseum AroS
D Århus-Kunstbygning
E Domkirke
F Latinerkvarteret
G Vor Frue Kirke
H Steno-Museum
I Den Gamle By
J Tivoli-Friheden
K Marselisborg
L Moesgård Museum

Vorgängerkirche von 1060; sie wurde restauriert und als ***Skt. Nikolai Kryptkirke** neu geweiht.

* Steno-Museum Ⓗ

Das Wissenschaftsmuseum sorgt mit historischen Geräten zum Anfassen, interaktiven Installationen und dem Planetarium für lebendige Wissensvermittlung (C. F. Møllers Allé 2, www.stenomuseet.dk, Di–Fr 9–16, Sa/So 11–16 Uhr).

10 **Den Gamle By Ⓘ

Das Freilichtmuseum Den Gamle By befasst sich mit der Stadtkultur des 16.–19. Jhs. Rund 70 Häuser aus allen Teilen Dänemarks wurden dafür hierher versetzt; in vielen wird traditionelles Handwerk vorgeführt, in anderen kann man Ausstellungen, z. B. zur städtischen Wohnkultur oder mit Spielzeug, besuchen. Echt gut! **Nostalgische Highlights** sind der romantische Weihnachtsmarkt Anfang Dezember und die Aufführungen im alten Theater von Helsingør, das 1817 dort errichtet wurde und seit 1961 hier steht (Viborgvej 2, www.dengamleby.dk, Juni–Aug. tgl. 9–18, April, Mai, Sept., Okt. tgl. 10–17, sonst tgl. 11–15 Uhr).

Tivoli-Friheden Ⓙ

Südlich des Zentrums liegt der Vergnügungspark Friheden. Neben den Fahrgeschäften wie Riesenrad und Achterbahn sorgt der Clown Pjerrot in seinem Haus für Spaß und Zauberei (Skovbrynet 1, www.friheden.dk, Mitte Juni–Mitte Aug. ab 11.30 Uhr; sonst nur unregelmäßig geöffnet).

Marselisborg Ⓚ

Eingebettet in eine reizvolle Park- und Waldlandschaft im Süden der Stadt liegt das zwischen 1899 und 1902 erbaute Schloss Marselisborg (Kongevejen 100), die Sommerresidenz der Königin mit einem schönen Rosengarten und Schlosspark. Ist sie anwesend (oft im Juli), kann man täglich um 12 Uhr den Wachwechsel erleben.

**Moesgård Museum Ⓛ

Die Marselisborg-Wälder erstrecken sich von Århus über 10 km entlang der Küste. Mittendrin führt die modern konzipierte Ausstellung des Museums von der Stein- bis zur Wikingerzeit. Highlight ist der ****Grauballemann**, eine 2000 Jahre alte, gut erhaltene Moorleiche (Moesgård Allé 20, Højbjerg, April–Sept. tgl. 10–17, sonst Di–So 10–16 Uhr).

Info

- **VisitAarhus**
Banegårdspladsen 20
Tel. 87 31 50 10][Fax 86 12 95 90
www.visitaarhus.com
Hier erhält man die **ÅrhusCard**, die u.a. freie Fahrt im ÖPNV und den Eintritt in 20 Museen beinhaltet (1 oder 2 Tage).

Hotels

- **Helnan Marselis Hotel**
Strandvejen 25
Tel. 86 14 44 11][Fax 86 14 44 20
www.helnan.com
Am Stadtrand in herrlicher Lage an der Århus Bugt. ●●●
- **Marselisborg Havn**
Marselisborg Havnevej 20
www.havnehotellet.dk

Einfaches Hotel am Hafen mit heller, funktionaler Einrichtung. ●●

■ Cab Inn Århus
Kannikegade 14
Tel. 86 75 70 00][Fax 86 75 71 00
www.cabinn.dk
Die Zimmerchen sind klein wie Schiffskabinen, mit Blick auf den Fluss. ●●

■ Århus Vandrerhjem Pavillonen
Marienlundsvej 10, Risskov
Tel. 86 16 72 98][Fax 86 10 55 60
www.danhostel.dk
Schön im Wald gelegen, aber dennoch relativ verkehrsgünstig. ●–●●

Camping

■ Blommehaven
Ørneredevej 35, Højbjerg
Tel. 86 27 02 07][Fax 86 27 45 22
www.camping-blommehaven.dk
Direkt am Meer. Gute Busverbindung zum 4 km entfernten Zentrum.

Restaurants

■ Queens Garden
Store Torv 4
Tel. 86 12 00 11
Feines Restaurant im Hotel Royal. ●●●

■ Gyngen Café/Restaurant
Mejlgade 53
Tel. 86 19 22 55
www.gyngen.dk
Gesunde Küche mit vielen vegetarischen Gerichten. So geschl. ●

Djursland 48

Die Halbinsel Djursland zeichnet eine vielseitige Landschaft mit bewaldeten Hügeln, Heideflächen, Stränden und Wäldern aus. Überall findet man eindrucksvolle Zeugnisse aus der Vorzeit. So ist das steinzeitliche Dolmengrab **Poskær Stenhus** in der bewaldeten Moränenlandschaft **Mols Bjerge** zu finden, deren höchste Erhebung immerhin 137 m misst.

Kinder zieht es ins ***Djurs Sommerland** bei Nimtofte › Special S. 18. Auch zwei Renaissance-Schlösser lohnen einen Besuch: das Wasserschloss ***Rosenholm** und ****Gammel Estrup.** Zur reichen Ausstattung des letzteren passt gut das hier eingerichtete **Herrensitzmuseum**; in den Wirtschaftsgebäuden ist das Dänische Landwirtschaftsmuseum untergekommen (Randersvej 2, Auning, Mitte März–Okt, tgl. 10–15/16 Uhr, sonst Di–So 10–15 Uhr).

*Ebeltoft 49

Ebeltoft (4400 Einw.) bezaubert mit einer malerischen Altstadt. Schönste Gebäude sind das Alte

Das Alte Rathaus von Ebeltoft

Rathaus von 1789 und der Färberhof. Stolz des Hafens ist die ***Fregatte Jylland,** die 1860 als letzter Holzsegler der Marine vom Stapel lief. Moderne Glaskunst zeigt das ***Glasmuseum** (Strandvejen 8, April–Okt. 10–16/17 Uhr, Nov.–März Di–So 10–16 Uhr).

Restaurant

■ **Molskroen**
Hovedg. 16, Femmøller Strand
Tel. 86 36 22 00][Fax 86 36 23 00
www.molskroen.dk
Hier vereint man beste Kro-Gastronomie auf Gourmet-Niveau mit den Traditionen eines klassischen Badehotels. Sehr schön sind die perfekt designten Familienstudios. ●●●

Grenaa 50

Grenaas (14 000 Einw.) Attraktion liegt direkt am Fährhafen. Das ****Kattegatcenter** vermittelt ozeanische Erlebnisse und zeigt in diversen Aquarien die Meeresfauna Dänemarks und tropischer Gewässer, wie etwa die 3 m langen Sandtigerhaie (www.kattegat centret.com, tgl. mind. 10–16 Uhr, Nov.–Dez. Mo geschl.).

Ausflug nach **Anholt 51

Die kleine Insel Anholt im Kattegat ist ein Naturparadies mit schönen Stränden und Dünenlandschaften sowie Vogel- und Robbenschutzgebieten. Die Überfahrt ab Grenaa dauert ca. drei Stunden (www.anholtfergen.dk).

Info

■ **Anholt Turistbureau**
Østervej 12
Tel. 86 31 91 33][86 31 92 07
www.anholt.dk

Randers 52

Im **Kejsergaarden** von Randers (59 000 Einw.) wird traditionelles Handwerk demonstriert; das klotzige **Randers Kulturhus** beherbergt das Kunst- (19./20. Jh.) und Kulturhistorische Museum. Im ****Randers Regnskov** kann man Flora und Fauna der Regenwälder erleben, darunter die grüne Anakonda, die schwerste Schlange der Welt (Tørvebryggen 11, www.regnskoven.dk, Mo–Fr 10–16, Sa, So 10–17 Uhr).

Den Durst der Einwohner ahnt man angesichts der Versorgung des Kneipenviertels an der Store Gade: **Das Bier fließt aus zentralen Tanks** der lokalen Thor-Brauerei in unterirdischen Leitungen direkt in die Zapfhähne. Skål!

Echt gut

Hotel

■ **Hotel Randers**
Torvegade 11
Tel. 86 42 34 22][Fax 86 40 15 86
www.hotel-randers.dk
Tradition mitten in der Stadt. ●●●

*Viborg 53

Die Stadt (31 000 Einw.) war der nördliche Endpunkt des historischen Heerweges. Hier huldigte die jütländische Ständeversammlung den Königen, woran das Monument mit Margrethe I. und Erik

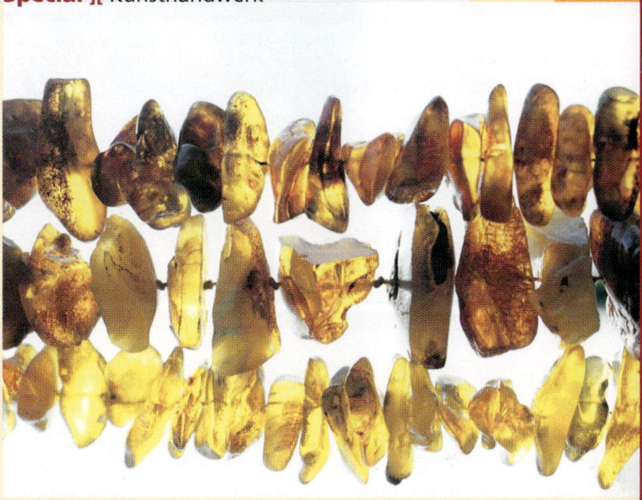

Special

Bernstein, Glas & Keramik

Es gibt sie vielleicht nicht wie Sand am Meer, aber zahlreich sind Kunsthandwerker in Dänemark auf jeden Fall. Eine tief verwurzelte Handwerkstradition, weit verbreitete Liebe zu schlichtem, funktionalem Design sowie eine tolerante Gesellschaft, in der künstlerisch kreatives Arbeiten einen hohen Stellenwert besitzt, fördern die bunte und äußerst aktive Kunsthandwerkerszene.

Auf die Finger geschaut

Spannend für Urlauber wird es, wenn sie die Arbeit beobachten dürfen: Wie die Keramikerin mit ihren Händen einem Klumpen Ton Formen abringt, wie die Glaskünstlerin aus einem glühenden Glastropfen am Ende eines Eisenrohres durch sanftes Blasen und Drehen eine filigrane Vase, Schale oder Karaffe entstehen lässt, wie die Textildesignerin sich über einen langen Färbetisch beugt und den Stoffen für ihre nächste Kollektion ein farbenfrohes Muster aufdruckt, wie die Weberin ein Traummotiv in einen Wandteppich hineinwebt oder wie der Bernsteinschleifer mit vorsichtigem Schleifen und Polieren den Charakter eines seltenen Stückes herausarbeitet.

Bernstein muss schwitzen

Wussten Sie, dass Bernsteinschleifer einen Ofen brauchen? Und warum das so ist, erklärt Ihnen Benni Høyer genauer, der in Mygdal bei Hirtshals seine Werkstatt betreibt. Demonstriert er sein Handwerk, dann erzählt er dabei

viel über die rund 30 Mio. Jahre alten Harzklumpen. Unbearbeitet sind sie meist honigfarben und milchig. Spätere Schmuckstücke werden geschliffen, poliert und müssen dann schwitzen. Bei etwa 200 °C verdampfen mikroskopisch kleine Lufteinschlüsse, erst dabei wird Bernstein klar, bekommt seinen typischen Glanz und je nach Verweildauer im Ofen die Färbung von hell bis dunkel. Die Hitze lässt zudem in Rissen und Spalten Strukturen entstehen, die Laien oft als Einschlüsse missdeuten. Auf den ersten Blick Fischschuppen ähnlich, scheinen sie zu verschwinden, wenn man den Stein langsam in den Händen dreht.

Zwischen Handwerk und Kunst

Viele Kunsthandwerker töpfern, schnitzen, schleifen und blasen in Serie, was man »brugskunst«, Gebrauchskunst, nennt. Daneben gestalten sie aufwändige Kunstwerke, Unikate, die es in der Form nur einmal gibt. Die Besten finden zunehmend Beachtung in wichtigen Kunstmuseen wie in dem auf Bornholm oder in Spezialmuseen wie dem Keramikmuseum in Middelfart und dem Glasmuseum in Ebeltoft.

■ **Askel Krog**
Vestergårdsvej 48, Strandby
Tel. 98 63 61 06
www.askel-keramik.dk
Für den Abtransport einiger der Mega-Krüge von Askel Krogs Keramikwerkstatt im westlichen Himmerland zwischen Viborg und Løgstør benötigt man wohl einen Anhänger oder Lkw – und zu Hause einen großen Garten.

■ **Bente Hammer**
Nyker Hovedgade 32, Rønne
Tel. 56 96 33 35
www.bentehammer.dk
Die Textildesignerin blickt von ihrem Atelier auf die Bornholmer Ny Kirke.

■ **Højer's Ravsliberi**
Højtvevej 7, Mygdal
Tel. 98 97 52 23
www.hoejersravsliberi.dk
Bernsteinverarbeitung, Schmuck- und Steinverkauf, Sammlung seltener Stücke.

■ **Glaspusteriet Bülow Duus**
Studsgade 14, Århus
Tel. 86 12 72 86
Glasbläserei im romantischen Latinerkvarter von Århus.

■ **Pernille Bülow Glas**
Glastorvet, Svaneke
Tel. 56 49 66 72
Professionelle Demonstration der Glasbläserkunst in einem der schönsten Bornholmer Orte.

von Pommern beim Dom erinnert. Der perfekt »romanische« *Dom ist das bekannteste Gebäude der Stadt – ein Nachbau von 1864–79. 1600 m² füllen die monumentalen Wand- und Deckengemälde von Joakim Skovgaard, dem gleich neben dem Dom das Skovgaard-Museum im alten Rathaus gewidmet ist.

Hotel

■ **Best Western Palads Hotel**
Sct. Mathiasgade 5, Viborg
Tel. 86 62 37 00][Fax 86 62 40 46
www.hotelpalads.dk
Traditionsreiches Stadthotel in der Nachbarschaft des Doms. ●●●

Ausflüge von Viborg

Mønsted

Westlich von Viborg kann man die kilometerlangen Stollen der Kalkgruben von Daugbjerg und **Mønsted** besichtigen. Ihre Geschichte reicht zurück bis in die Wikingerzeit. Ein leckeres Mitbringsel ist der **Höhlenkäse,** der in ihrem besonderen Klima reift (Mitte März–Okt. tgl. 10–17 Uhr).

Echt gut!

**Hjerl Hede und Sahl

Noch einmal 20 km weiter breitet sich nahe Vinderup am Ufer des Flynderø das volkskundliche Freilichtmuseum Hjerl Hede aus. Es dokumentiert das Landleben vom 16.–19. Jh. In der Saison spielen Laiendarsteller kleine Stücke (www.hjerlhede.dk, Mitte März–Okt. tgl. 10–17 Uhr).

In der Kirche des nahegelegenen Dörfchens **Sahl** kann man einen ****Altar** aus vergoldetem Kupferblech von ca. 1220 bewundern. Er gilt als ein Höhepunkt jütländischer Kirchenkunst.

**Elmuseet 54

Am Stausee Tange Sø entstand 1921 Dänemarks größtes Wasserkraftwerk, in dem heute das Elmuseet eingerichtet ist. Hier dreht sich alles um Elektrizität. Zur sehenswerten Ausstellung gehören drei Wohnungen der Jahre 1920, 1935 und 1950. Anhand der Originaleinrichtungen kann man sehen, wie das Wohnen immer mehr Strom »frisst« (Bjerringbrovej 44, www.elmuseet.dk, Mitte März–Okt. tgl. 10–17 Uhr).

11 **Fyrkat 55

Die Wikingerburg Fyrkat am Südwestrand von Hobro zählt zum Sehenswertesten, was Dänemark

Die besten Freizeitparks

Echt gut!

■ Charme statt Action: Kopenhagens **Tivoli** ist weltberühmt. › S. 42
■ Der älteste Vergnügungspark überhaupt: **Bakken** in Klampenborg wurde 1538 eröffnet. › S. 61
■ Millionen mal wurden im **LEGOLAND** bei Billund Stein auf Stein gelegt. › S. 115
■ Wikinger in Aktion kann man in **Fyrkat** bei Hobro erleben. › S. 127
■ Wissenschaft spannend präsentiert: Im **Danfoss Universe** darf man experimentieren. › S. 112

aus dieser Epoche zu bieten hat. Ein mächtiger, Ringwall schützte die 16 identischen Langhäuser der Burg, die etwa um 980 n. Chr. entstanden. Im nachgebauten **Wikingerdorf** bekommt man einen guten Eindruck vom Alltagsleben jener Zeit › Special S. 105.

Von Hobro lohnt ein Abstecher in Dänemarks größtes Waldgebiet ***Rold Skov**. Nach Amerika ausgewanderte Dänen, an die ein Museum erinnert, stifteten 1910 den Nationalpark **Rebild Bakker**.

Hotel

■ **Rold Storkro**
9520 Skørping
Tel. 98 37 51 00][Fax 98 37 52 50
www.roldstorkro.dk
Schön gelegenes Waldhotel, östlich von Rebild. ●●–●●●

*Aalborg 56

Mit 122 000 Einwohnern ist Aalborg Dänemarks viertgrößte Stadt. Schon in der Eisen- und Wikingerzeit gab es hier am Limfjord eine Siedlung, wie der Grabplatz **Lindholm Høje** eindrucksvoll belegt. Die günstige Lage machte Aalborg, das 1342 Stadtrechte bekam, früh zu einer mächtigen Handelsstadt und später zum wichtigen Industriestandort.

**Jens Bangs Stenhus A

Das Jens Bangs Stenhus (Østerågade 9) gilt als schönstes bürgerliches Renaissancehaus Nordeuropas und zeugt vom einstigen Reichtum der Aalborger Kaufleute. Das Backsteingebäude von 1624 krönen fünf prachtvolle Giebel. Der Legende nach ließ Bauherr Bang seinem Frust, nie Stadtrat geworden zu sein, freien Lauf: Vom Südgiebel streckt eine Fratze, die seine Züge trägt, die Zunge zum benachbarten, spätbarocken **Rådhus** B von 1762 aus.

Skt. Budolfi Domkirke C

In der Nähe ragt der mit einer barocken Spitze versehene Turm der Skt. Budolfi Domkirke auf. Um 1400 wurde sie auf Resten einer romanischen Kirche erbaut und dann immer wieder erweitert. Dass der Dom dem englischen Seefahrer-Heiligen Botulphus geweiht ist, ist ein Beleg für die guten Beziehungen der Limfjordregion zu England im Mittelalter.

Aalborgs Historiske Museum D

Das historische Museum zeigt u. a. ein original möbliertes Renaissance-Zimmer von 1602 und eine bedeutende Glassammlung (Algade 48, Di–So 10–17 Uhr).

Heiliggeistkloster E

Den gemütlichen **C. W. Obels Plads** füllen im Sommer Straßencafés. Das angrenzende **Heiliggeistkloster** von 1431 ist eine der ältesten sozialen Einrichtungen des Landes (Juni–Aug. Führungen durch die historischen Räume).

Jomfru Ane Gade F

Von der Einkaufstraße Bispensgade zweigt die Jomfru Ane Gade ab,

cht gut!

Dänemarks »längste Theke«, mit Diskos, Restaurants und Kneipen.

Restaurants

■ **Fyrtøjet**

Nr. 17, Tel. 98 13 73 77

Kleines Gourmetrestaurant. ●●●

■ **Gaucho**

Nr. 21, Tel. 98 13 70 30

Köstliche argentinische Steaks. ●●●

*Jørgen Olufsens Gård G

Der Kaufmannshof aus der Renaissance, der sich zum Innenhof als Fachwerkbau und zur Østerågade mit reich verziertem Steingiebel zeigt, zählt zu den schönsten Häusern der Stadt. Das nahe **Schloss Aalborghus** H wurde im 16. Jh. als Fachwerkbau errichtet.

A Jens Bangs Stenhus
B Rådhus
C Skt. Budolfi Domkirke
D Aalborgs Historiske Museum
E Heiliggeist-kloster
F Jomfrue Ane Gade
G Jørgen Olufsens Gård
H Aalborghus Slot
I Vor Frue Kirke
J Nordjyllands Kunstmuseum
K Aalborgtårnet
L Aalborg Søfartsog Marinemuseum
M Akvavit Museum
N Lindholm Høje

Vor Frue Kirke I

Über die lang gezogene Einkaufsstraße Nytorv mit modernen Geschäften und Kaufhäusern erreicht man die Vor Frue Kirke. Der ursprünglich romanische Granitquaderbau wurde im 19. Jh. stark verändert. Die Kirche wird umgeben von den fotogensten Gassen der Stadt.

**Nordjyllands Kunstmuseum J

Die sehenswerte Sammlung von Kunst des 20. Jhs. mit dem Schwerpunkt Dänemark ist in einem beeindruckenden Gebäude untergebracht, das u.a. aus der Feder des finnischen Architekten Alvar Aalto stammt. Im Außenbereich steht Bjørn Nørgaards monumentales »Traumschloss« (Kong Christians Allé 50, www.nordjyllandskunstmuseum.dk, Di–So 10–17 Uhr).

Auf einem Hügel dahinter ragt der Aussichtsturm **Aalborgtårnet** K (Sdr. Skovvej) 105 m empor. Weiter südlich gelangt man zum großzügig angelegten ***Zoo** (Mølleparkvej 63, www.aalborg-zoo.dk, Mai–Aug. tgl. 9–19, April, Sept., Okt. 9–16, sonst 9–15 Uhr).

*Aalborg Søfarts- og Marinemuseum L

Das Seefahrts- und Marinemuseum am Limfjordufer ist ein Muss für Technik- und Seefahrtfans. Die Museumssschiffe, darunter auch ein 54 m langes U-Boot, kann man betreten (Vestre Fjordvej 81, Sept.–April tgl. 10–16, Mai–Aug. bis 18 Uhr).

Akvavit Museum M

Eines der berühmtesten Produkte der Stadt ist der **Aalborg Akvavit**. Echt gut In der Fabrik werden im Sommer Führungen veranstaltet. Dazu gehört auch der Besuch des kleinen Akvavitmuseums; im Museumsshop kann man den Kümmelschnaps kaufen (C. A. Olesens Gade 1, Führungen Juni–Aug. Di und Do 10 und 13 Uhr).

**Lindholm Høje N

Am Rand der Nachbarstadt Nørresundby liegt Nordeuropas größtes Gräberfeld aus der späten Eisen- und der Wikingerzeit (Vendilavej 11). 682 Gräber sind auf dem Hügel nachgewiesen, ca. 150 davon Steinsetzungen in Schiffsform, außerdem Hausfundamente und ein versteinerter Acker. Die Anlage wurde etwa 1050 unter einer Sanddüne begraben und 900 Jahre später wieder ausgegraben. Auf dem Gelände gibt es auch ein Museum (Freigelände tagsüber immer zugänglich; Museum: Ostern–Okt. tgl. 10–17, sonst Di/So 10–16 Uhr).

Info

■ **Turistbureau**
Østerågade 8
Tel. 99 31 75 00
www.visitaalborg.com

Hotels

■ **Quality Hotel Scheelsminde**
Scheelsmindevej 35, Aalborg
Tel. 98 18 32 33][Fax 98 18 33 34
www.scheelsminde.dk
Angenehmes größeres Haus in einem schönen ehemaligen Gutshof. ●●●

Steinsetzungen in Schiffsform auf der Lindholm Høje

■ **Prinsen Hotel**
Prinsengade 14–16
Tel. 98 13 37 33,][Fax 98 16 52 82
www.prinsen-hotel.dk
Solides Hotel in zentraler Lage. ●●

■ **Aalborg Vandrerhjem Fjordparken**
Skydebanevej 50
Tel. 98 11 60 44][Fax 98 12 47 11
www.danhostelnord.dk/aalborg
Familienzimmer und Camping; außerhalb, aber mit Busanbindung. ●–●●

Restaurants

■ **Prinses Juliana**
Vestre Havnepromenade 1
Tel. 98 11 55 66
Erlesene Fischspezialitäten auf einem ehemaligen holländischen Schulschiff. So geschl. ●●●

■ **Provence**
Ved Stranden 11
Tel. 98 13 51 33
Hier verwöhnt man mit französisch inspirierter Küche, die auf dänische Meeresprodukte setzt. ●●

Shopping

Typische Dänemark-Mitbringsel findet man rund um den Nytorv in den beiden großen Kaufhäusern **Magazin** und **Salling**, im gut sortierten Geschäft der Kette **»inspiration«** (Nytorv 15) oder in **Søstrene Grene** (Nytorv 1).

*Schloss Voergaard 57

Um 1520 als Liebesnest eines Bischofs erbaut, wurde Schloss Voergaard in der Reformationszeit 1536 vom König beschlagnahmt und später gegen ein anderes Herrschaftshaus eingetauscht. Voergaard ist voller hochklassiger Kunstwerke, die vom letzten Besitzer, Graf Oberbech-Clausen gesammelt wurden. Unter den Gemälden sind Werke von Rubens, Rafael oder Goya. Der Zutritt zum Park mit den breiten

Wallgräben ist frei (Dronninglund, www.voergaardslot.dk, Juli/Aug. tgl. 10–17, Mitte April–Juni, Sept. Sa 13–16, So 11–16 Uhr).

Hotel

■ **Dronninglund Slot**
Slotsgade 8, Dronninglund
Tel. 98 84 33 00][Fax 98 84 34 13
www.dronninglund-slot.dk
Einst Kloster, heute modernes Hotel. ●●

Sæby 58

Sæby (8500 Einw.) hat sich viel Altstadtidylle bewahrt. Die mit gotischen Kalkmalereien ausgeschmückte ***Skt. Mariæ Kirke** ist einziges Überbleibsel eines Karmeliterklosters von 1470.

Frederikshavn 59

Südlich der Ålbæk-Bucht mit ihren schönen Stränden liegt die Hafenstadt Fredekikshavn (26 000 Einw.). Der 1974 komplett um 270 m verschobene **Krudttårnet** (Pulverturm; militärhistorisches Museum) und das Viertel **Fiskerlyngen** stammen aus der Zeit vor 1818, als der Ort eine bedeutende Festung war. Größter Haudegen war der Seeheld Peter Wessel (1690–1720). Im großen Nordischen Krieg (1712–17) besiegte er schwedische Verbände.

Bangsbo Museum

Hauptattraktion des 3 km nördlich gelegenen Museums sind die Überreste des **Ellingå-Schiffs**, einem Handelsschiff der Wikinger. Eine Ausstellung informiert über den dänischen Widerstand gegen die deutsche Besatzung 1940–45 (Margrethes Vej 6, www.bangsbo.com, Di–So 10–17 Uhr).

Info

■ **Turistbureau**
Skandiatorv 1
Tel. 98 43 32 66][Fax 98 42 12 99
www.frederikshavn-tourist.dk

Hotel

■ **Scandic Stena Line Hotel**
Tordenskjoldsgade 14
Tel. 98 43 32 33][Fax 98 43 33 11
www.scandic-hotels.com
Gut ausgestattetes Hotel mit Restaurant und Tropenbad. ●●●

Camping

■ **Nordstrand Camping**
Apholmenvej 40
Tel. 98 42 93 50][Fax 98 43 47 85
www.nordstrand-camping.dk
Luxusplatz, Hütten- und Wohnwagen.

Ausflug nach **Læsø 60

Der Küste Nordjütlands vorgelagert ist die flache Kattegatinsel Læsø (10 122 ha; 2500 Einw.). Ihr Wald wurde einst als Brennmaterial für die Salzsiederei abgeholzt. Daran erinnert eine nachgebaute Siederei. Inseltypisch sind Häuser mit Seetangdächern wie z. B. beim Heimatmuseum Byrum. Die Sandbänke und Feuchtwiesen im Süden sind großartige Vogelparadiese. Die Fähre verkehrt mehrmals täglich und benötigt 90 Minuten (www.laesoe-line.dk).

12 Bornholm

Nicht verpassen!

- Ein Spaziergang durch die Hauptstadt Rønne
- Die berühmten Rundkirchen der Insel
- Frisch gefangenen Fisch vom Boot kaufen
- Ein Ausflug zu den Erbseninseln
- Zu Fuß um den Granitfelsen Hammeren

Zur Orientierung

Rundkirche in Nyker

Wer nach ****Bornholm** reist, reist nicht nach Dänemark. Klar, politisch gehört das Eiland vor der Küste zum dänischen Königreich. Was die Landschaft und das Klima betrifft, unterscheidet sie sich jedoch sehr vom Mutterland. Als einzige Felseninsel Dänemarks ist Bornholm so etwas wie »Klein-Norwegen« im Dänenreich. Oder doch »Klein-Italien«? Denn das Wetter ist, bedingt durch den Einfluss kontinentaler Großwetterlagen, deutlich besser als im Rest des Landes. Sowohl was die Durchschnittstemperatur, als auch die Sonnenstunden angeht, liegt Bornholm landesweit vorn. Das umliegende Meer verändert aber den Ablauf der Jahreszeiten, so kommt der Frühling, Bornholms schönste Jahreszeit, spät, kurz und intensiv, dafür bleibt der Sommer länger. Noch eine angenehme Seite Bornholms: Alles liegt nah beieinander, die maximale Entfernung beträgt nur 44 km.

Die vielfältige Natur, die kulturgeschichtlichen Denkmäler aus vielen Epochen, ihre bunten Städtchen und Dörfer, dazu die ganze Palette von Ferienvergnügen und Aktivitäten machen die Ostseeinsel (58 791 ha; 42 800 Einw.) als eigenes Reiseziel populär. Bornholm besitzt neben zahlreichen Ferienhäusern ca. 100 Hotels, sechs Jugendherbergen und etwa 20 Campingplätze. Trotzdem sind in der Hochsaison vorherige Reservierungen dringend geraten!

Rundkirchen

Wahrzeichen der Insel sind die vier Rundkirchen aus den frühen Tagen der Christianisierung. Die größte ist die ****Østerlarskirke** nahe Gudhjem. Im mächtigen Mittelpfeiler hat eine Taufkapelle Platz. Die exponierte, auf einer 112 m hohen Anhöhe gelegene ****Olskirke** dient auch als Seezeichen. Ohne äußere Stützpfeiler kommt die ***Nylarskirke** östlich von Rønne aus. Für viele ist sie die schönste Rundkirche der Insel. Ein Stockwerk kleiner als die anderen ist die ***Nykirke** nördlich von Rønne. Der Ursprung der Rundkirchen liegt im Dunkeln, wahrscheinlich entstanden sie im 12./13. Jh. als Wehrkirchen.

Karte Seite 136

Tour in der Region

Rund um Bornholm

(15) Rønne › Hammershus › Hammeren › Gudhjem › Svaneke › Dueodde › Nylars › Rønne

Dauer: 1 Tag
Praktische Hinweise: Die Inselrundfahrt lässt sich mit dem Wagen an einem Tag bewältigen. Die Tour ist aber auch gut fürs Fahrrad geeignet. Trainierten Radlern genügt ebenfalls ein langer Sommertag zur Umrundung Bornholms. Wer die Sehenwürdigkeiten allerdings ausführlich besichtigen will, sollte zwei bis vier Tage einplanen. Zur Übernachtung während der Rundfahrt ist man meist auf Hotels und Pensionen angewiesen. Die zahlreichen Ferienhäuser werden in der Regel nur wochenweise vermietet.

Die Fahrt, die weitgehend dem Küstenverlauf folgt, führt zu den größten Sehenswürdigkeiten der Insel. Von der Inselhauptstadt **Rønne** › S. 136 gelangt man über die Festungsruine **Hammershus** › S. 136 nach Hammeren, dem nördlichsten Punkt der Insel. Entlang der spektakulären Steilküste im Nordosten geht es weiter nach **Gudhjem** › S. 137, der zweitgrößten Stadt Bornholms. Dieser Ort bietet sich bei einer mehrtägigen Rundfahrt für eine Übernachtung an. Weiter an der Küste entlang erreicht man das malerische Örtchen **Svaneke** › S. 137 mit einem hübschen Hafen. Hier kann man schöne Souvenirs einkaufen: Einige Kunsthandwerker haben sich hier niedergelassen und auch ein kurzer Stopp in der örtlichen Glasbläserei lohnt. Der nächste Ort **Dueodde** › S. 137 ist zugleich der südlichste Punkt der Insel. Wegen des herrlichen Sandstrands ballen sich hier die Ferienhäuser. Erneut bleiben wir an der Küste und gelangen über **Nylars** › S. 134 mit seiner bekannten Rundkirche zurück nach Rønne.

Wichtige Adressen

- **Bornholms Velkomstcenter**
Ndr. Kystvej 3, Rønne
Tel. 70 23 20 77
Fax 56 95 95 68
www.bornholminfo.dk
Infobüros gibt es auch in Allinge, Gudhjem, Neksø, Svaneke und Åkirkeby.

Verkehrsmittel

- **Flughafen:** bei Rønne; bis 6-mal tgl. ab/bis Kopenhagen.
- **Fährverbindungen:** Rønne erreicht man mit Fähren direkt ab Sassnitz auf Rügen (zwei Linien), Świnoujście (Polen), ab Kopenhagen (über Nacht) oder ab Ystad (Südschweden). Knapp 3 Std. fährt man mit Bahn (IC)/Schiff ab Kopenhagen (tgl. 3–4 Mal).

Unterwegs auf Bornholm

Rønne 1

Mit 14 000 Einwohnern ist Rønne die größte Stadt Bornholms. Der idyllische Ort strahlt mit Kopfsteinpflastergassen und bunten Fachwerkhäusern viel Geruhsamkeit aus. Bei einem Bummel durch die verwinkelte Altstadt glaubt man sich in frühere Jahrhunderte zurückversetzt. Und doch sind die Gebäude in Rønne meist jüngeren Datums, denn ein sowjetischer Luftangriff zerstörte im Zweiten Weltkrieg 200 Häuser.

Sehenswert sind die **Skt. Nicolai Kirche** aus dem 13. Jh. und das **Kulturhistorische Museum**. Dessen größter Schatz sind die **Goldgubber** (ca. 6. Jh.), kleine gestanzte Goldplättchen, vermutlich germanische Opfergaben (Sct. Mortensgade 29, Mitte Okt.–Mitte Mai Mo–Sa 13–16, Mitte Mai–Mitte Okt. Mo–Sa 10–17).

Hotel

■ **Radisson SAS Fredensborg Hotel**
Strandvejen 116, Rønne
Tel. 56 90 44 45][Fax 56 90 44 43
www.bornholmhotels.dk
Modernes Hotel in schöner Lage nahe dem Meer. Das Restaurant gilt als bestes der Insel. ●●●

15 **Rund um Bornholm** Rønne › Hammershus › Hammeren › Gudhjem › Svaneke › Dueodde › Nylars › Rønne

**Hammershus 2

In der Nähe von Allinge an der zerklüfteten Nordküste ragt die malerische Festungsruine **Hammershus auf, die größte mittelalterliche Burgruine Nordeuropas. Im 13. Jh. auf Veranlassung des Erzbischofs von Lund erbaut, diente sie nach der Eroberung durch die Schweden im 17. Jh. als Gefängnis.

Der Burg vorgelagert liegt der karg bewachsene Granithorst **Hammeren. Eine

Karte Seite 136

cht gut!

Wanderung um den Felsen beginnt bei Hammerhavn und führt an der Naturbrücke von Kælderhals vorbei nach Kragkås und zur Ruine der Salomonskapelle. Nächstes Ziel ist der Leuchtturm Hammerodde. Auf dem Rückweg passiert man den Opalsee. Die Wanderung dauert zwei Stunden.

Hotel

■ **Friheden**
Tejnvej 80, Allinge-Sandkås
Tel. 56 48 04 25
www.hotel-friheden.dk
Gute Hotelanlage in Strandnähe. ●●●

■ **Pension Slægtsgården**
Østergade 3, Allinge
Tel. 72 27 52 75
www.slaegtsgaarden.dk
Hübsche Pension im Fachwerkhof. ●●

Gudhjem 3

Über der spektakulären Steilküste ***Helligdommen** bei Rø thront in strahlendem Weiß ****Bornholms Kunstmuseum**. Der imposante Bau beherbergt auf 4000 m² eine Sammlung Bornholmer Maler aus dem 18.–20. Jh. (Juni–Aug. tgl. 10–17, April–Mai, Sept.–Okt. Di–So 10–17, Dez.–März Di, Do 13–17 und So 10–17 Uhr).

Ein Publikumsmagnet ist auch ***Bornholms Middelaldercenter** zwischen Gudhjem und Østerlars.

Hotel

■ **Gudhjem Vandrerhjem**
Løkkegd. 7, Gudhjem
Tel. 56 48 50 35][Fax 56 48 56 35
www.danhostel-gudhjem.dk
Ehemaliger Kaufmannshof am Hafen. ●

Dünen bei Dueodde

Ausflug nach Ertholmene

20 km vor der Nordostküste Bornholms liegt die Schärengruppe der »Erbseninseln«. Die Seefestung wurde 1855 aufgegeben und kaum verändert. Nur ein paar Fischer und Künstler leben hier (Fähren ab Gudhjem und Allinge, www.bornholmexpress.dk).

**Svaneke 4

Im Ort haben sich verschiedene Kunsthandwerker (*Glasbläserei) und eine Galerie niedergelassen. An der Bonbonfabrik am Markt kann man zusehen, wie man verführerische Süßigkeiten herstellt.

Dueodde 5

Der 25 km lange ****Sandstrand** macht den Süden der Insel zum beliebtesten Ziel für Badegäste. Schön ist auch der Vogel- und Schmetterlingspark von **Nexø** (Mai–Mitte Okt. tgl. 10–17 Uhr).

Infos von A–Z

Behindertengerechtes Reisen

Die meisten öffentlichen Bauten und Verkehrsmittel sind auf Menschen mit Behinderungen vorbereitet. Nützliche Informationen findet man auf der Homepage von VisitDenmark (visitdenmark.com). Westjütland hat ein eigenes Portal, u.a. mit Übernachtungsadressen (www.visithandicapguide.com). Die Webseite der Dachorganisation dänischer Behindertenverbände ist teilweise in Englisch: www.handicap.dk

Diplomatische Vertretungen

In Notfällen kann man sich an die Botschaften seines Heimatlandes wenden:

- **Deutsche Botschaft**
Stockholmsgade 57
2100-Kopenhagen Ø
Tel. 35 45 99 00
Fax 35 26 71 05
www.kopenhagen.diplo.de
- **Österreichische Botschaft**
Solundvej 1
2100-Kopenhagen Ø
Tel. 39 29 41 41
Fax 39 29 20 86
kopenhagen-ob@bmaa.gv.at
- **Schweizer Botschaft**
Amaliegade 14
1256-Kopenhagen K
Tel. 33 14 17 96
Fax 33 33 75 51
www.eda.admin.ch/copenhagen

Einreise

Mit Dänemarks Beitritt zum Schengener Abkommen im Jahr 2001 entfielen die Grenzkontrollen. Urlauber aus Deutschland, Österreich und der Schweiz müssen allerdings einen noch mindestens drei Monate gültigen Ausweis bei sich haben. Autofahrern reicht der nationale Führerschein.

Elektrizität

Das 220-V-Netz funktioniert mit den in Mitteleuropa üblichen Steckern.

Feiertage

- 1. Januar (Neujahr)
- Gründonnerstag
- Karfreitag
- Ostermontag
- Buß- und Bettag
- Christi Himmelfahrt
- Pfingstmontag
- 5. Juni (Verfassungstag, halber Arbeitstag, Banken ganztags geschlossen)
- 24., 25. Dezember (Weihnachten)
- 26. Dezember (Stefanstag)

Staatlich festgelegt ist der Start der Sommerferien. Diese beginnen immer am letzten Samstag im Juni und enden in der Regel Anfang August. Die Herbstferien liegen normalerweise in der 42. Woche, die Winterferien meist im Februar in Woche 7 oder 8.

FKK

Das Nacktbaden ist offiziell auf wenige Strandabschnitte beschränkt, wird aber an weit mehr Plätzen geduldet: Achten Sie auf örtliche Gepflogenheiten.

Geld

Da Dänemark vorläufig nicht am Europäischen Währungssystem teilnimmt, ist die Landeswährung die Dänische Krone (DKK; Wechselkurse siehe Umschlagklappe). Bargeldtausch ist in Banken (Mo–Fr 10–16 Uhr, Do bis 18 Uhr) und in wenigen Wechselstuben (ca. bis 22 Uhr; gegen Gebühr) möglich. Kreditkarten und Reiseschecks können vielerorts verwendet werden. Geldautomaten sind landesweit vorhanden (z.B. rote Automaten mit Aufschrift KONTANTEN). Devisenbeschränkungen gibt es nicht.

Geschäftszeiten

Das dänische Ladenschlussgesetz ist liberal, die genannten Zeiten sind Richtwerte: Die Geschäfte sind Mo–Fr 9–17.30 oder 20 Uhr geöffnet, auf dem Lande ist häufig 12–14 Uhr Mittagspause. Donnerstag und Freitag bleiben die Läden bis 19 oder 20 Uhr auf. Samstags ist meist zwischen 12 und 14 Uhr Geschäftsschluss.

Haustiere

Für die Mitnahme von Hunden und Katzen nach Dänemark benötigen Sie den EU-Heimtierpass, der auch in der Schweiz ausgestellt wird. Gefordert sind eine gültige Tollwutimpfung (mind. 30 Tage und max. 12 Monate zurückliegend) sowie eine Kennzeichnung mit Mikrochip oder Tätowierung (bis 2012 anerkannt). Für die meisten anderen Tiere benötigt man eine Einfuhrerlaubnis des Veterinærdirektoratet (Rolighedsvej 25, 1958 Frederiksberg C).

Informationen

■ **VisitDenmark**
Glockengießerwall 2
20095 Hamburg
Tel. 01 80 / 32 64 63 (12 Cent/Minute)
www.visitdenmark.com
Das Büro ist zuständig für Anfragen aus Deutschland, Österreich und der Schweiz. Lokale Infobüros, die sowohl über die eigene Region als auch über andere Landesteile informieren, gibt es in größeren Orten und allen Urlaubsgebieten.

Internet

Internet ist in Dänemark fast eine Selbstverständlichkeit: In den meisten Hotels gibt es WLAN-Spots und auch ein Internetcafé ist in der Regel schnell gefunden.

Mehrwertsteuererstattung

Die Erstattung der Mehrwertsteuer ist zzt. für Schweizer noch möglich. Läden mit dem Schildchen »Tax Free For Tourists/Europe Tax-free-Shopping« im Fenster bieten einen formlosen Erstattungsweg (Auszahlung bei der Ausreise). Über Details informieren die Geschäfte.

Medizinische Versorgung

Die ärztliche Versorgung entspricht mitteleuropäischem Standard. Es empfiehlt sich jedoch, vorher bei der eigenen Krankenkasse die Bedingungen für die Kostenübernahme zu erfragen. Faustregel: EU-Bürger und Schweizer erhalten gegen Vorlage der Europäischen Krankenversicherungskarte (EHIC), die seit 2006 den Auslandskrankenschein E111 vollständig ersetzt, kostenlose ärztliche Hilfe im gleichen Umfang wie gesetzlich versicherte Dänen. D.h. man muss mit hoher Eigenbeteiligung bei Zahnbehandlungen und einigen Medikamenten rechnen.

Notruf

Alle Dienste: Tel. 112 (gebührenfrei)

Post

Das Porto für Postkarten und Standardbriefe in alle Länder Nord- und Westeuropas beträgt zzt. 7,25 DKK. Neben die Marke ist ein großes »A« zu malen oder der blaue Aufkleber »A-Prioritaire« zu kleben.

Urlaubskasse	
Tasse Kaffee	2 €
Softdrink	3 €
Glas Bier (0,4 cl)	5,50 €
Pølser (Hotdog)	3 €
Kugel Eis	1,30 €
Hauptgericht	18 €
Taxifahrt (Kurzstrecke, ca. 10 km)	15 €
Mietwagen/Tag	45 €

Schnell ab nach Dänemark, aber bitte ohne zu rasen.

Souvenirs

Klassische Souvenirs sind u.a. Königlich Kopenhagener Porzellan, Glas von Holmegård und Schmuck oder Besteck der Silberschmiede Georg Jensen. Günstiger ist Kunsthandwerk (› Special S. 125). Antiquitätenhändler sind meistens günstiger als in Mitteleuropa.

Telefon / Handy

Münz- und Kartentelefone der TeleDanmark sind zahlreich, meist mit deutschsprachigen Bedienungsanleitungen. In Telefonzellen kann man sich auch anrufen lassen. Günstiger telefoniert man mit Calling Cards anderer Gesellschaften, z.B. Global One, die es an Kiosken oder Post-Shops gibt; die Einwahl funktioniert aber bei privaten Münzgeräten (Clubtelefone, z.B. von Campingplätzen, Freizeitparks) z.T. nicht.

Europäische Handys funktionieren auch im dänischen Mobilfunknetz. Prepaid-Karten sind in Dänemark preiswert, wer damit umgehen kann, spart viel.

Die Inlandsrufnummern haben in Dänemark einheitlich acht Ziffern ohne Vorwahlen; internationale Vorwahlen:

- nach Deutschland: 00 49
- nach Österreich: 00 43
- in die Schweiz: 00 41
- nach Dänemark: 00 45

Trinkgeld

Hotel- und Restaurantrechnungen schließen Bedienungsgeld mit ein. Traditionell wird in ganz Skandinavien kein Trinkgeld gegeben, allmählich passt man sich aber auch dort den mitteleuropäischen Gepflogenheiten an.

Verkehrsregeln

Auf den meisten dänischen Autobahnen gilt ein Tempolimit von 130 km/h; um Kopenhagen und andere größeren Städte sind jedoch nur 110 km/h erlaubt. Außerorts ist die Geschwindigkeitsbegrenzung 80, innerorts 50 km/h; Lkw und Pkw mit Anhänger (z. B. Campingwagen, Boottrailer) dürfen maximal 70 km/h fahren. Geschwindigkeitsüberschreitungen werden mit hohen Bußgeldern bestraft. Bereits 10 km/h zu viel kosten etwa 135 Euro – für ausländische Autofahrer in bar oder mit Kreditkarte gleich bei der Kontrolle.

Fahrlicht ist ganztags Pflicht. An Autobahnauffahrten wird in der Regel im Reißverschlussverfahren aufgefahren. Eine Kette weißer Dreiecke auf der Fahrbahn vor Kreuzungen bedeutet »Vorfahrt gewähren«.

Zoll

Urlauber aus den EU-Ländern können alle Dinge und Waren für den persönlichen Gebrauch unbeschränkt einführen, seit dem 1. Januar 2004 auch hochprozentigen Alkohol und Tabak. Ausführen dürfen EU-Bürger Waren aus Dänemark uneingeschränkt für den Eigenbedarf, Schweizer bis zu einem Gesamtwert von 300 CHF.

!! Wichtig für Silvester-Urlauber: Die Einfuhr von Feuerwerkskörpern ist strikt verboten.

Register

dnachweis

Publications/Jerry Davis: U2-Top12-02; APA Publications/Jeroen Snijders: 2-3, 19, 58, 111; dagentur Huber/Gräfenhain: U2-Top12-01, U2-Top12-09, U2-Top12-10, 1, 13, 24, 38/39, 57, 89, 101, 104, 107, 109, 118; Bildagentur Huber/Kaos: 43; Bildagentur Huber/ Schmid: 6/7, 37, 66, 133; Bildagentur Huber/G. Simeone: 46, 95, 111, 131; Bildagentur ber/Spiegelhalter: 91; billedetafdanmark.dk: 140; Udo Haafke: U2-Top12-04, 99, 103, 113; e Experimental Centre: 105; LOOK-foto/Quadriga Images: 40; Scandlines: 17; visit nmark.com/Pia Britton: U2-Top12-12; visitdenmark.com/Reiner Büchtmann: 69; visitden ark.com/Ted Fahn: 70; visitdenmark.com/Noam Griegst: 125; visitdenmark.com/Ditte Isager: , 55; visitdenmark.com/Roland Jung: 88; visitdenmark.com/Dorte Krogh: 115; visit nmark.com/Søren Lauridsen: U2-Top12-03, 2-2; visitdenmark.com/Poul Anker Nielsen: 18, , 90; visitdenmark.com/Thomas Nykrog: U2-Top12-08, 20, 94; visitdenmark.com/Christian tersen: 34; visitdenmark.com/Cees van Roeden: U2-Top12-05, U2-Top12-07, U2-Top12-11, , 82, 87, 106, 116, 126, 137; visitdenmark.com/Jørgen Schytte: 51; visitdenmark.com/Per lberg: 8; visitdenmark.com/John Sommer: U2-Top12-06, 63, 72, 85, 123; visitdenmark.com/ nrik Stenberg: 30; visitdenmark.com/Niels Thye: 2-1, 11, 64; visitdenmark.com/ endt: 134; Titelbild: Bildagentur Huber/Gräfenhain.

www.polyglott.de

lyglott im Internet: www.polyglott.de

pressum

r freuen uns, dass Sie sich für einen Reiseführer aus dem Polyglott-Programm tschieden haben. Auch wenn alle Informationen aus zuverlässigen Quellen stammen d sorgfältig geprüft sind, lassen sich Fehler nie ganz ausschließen. Wir bitten um rständnis, dass der Verlag dafür keine Haftung übernehmen kann. Ihre Hinweise und regungen sind uns wichtig und helfen uns, die Reiseführer ständig weiter zu verbessern. te schreiben Sie uns:

yglott Verlag, Redaktion, Postfach 40 11 20, 80711 München, redaktion@polygott.de

r wünschen Ihnen eine gelungene Reise!

rausgeber: Polyglott-Redaktion
toren: Lennart Hansson und Rasso Knoller
ukonzeption: Rasso Knoller
daktion: B2 Text- und Redaktionsbüro Stuttgart / Wieland Höhne
dredaktion: B2 Text- und Redaktionsbüro Stuttgart / Nena Dietz, Polyglott
yout: Ute Weber, Geretsried
eldesign-Konzept: Studio Schübel Werbeagentur GmbH, München
rten und Pläne: Polyglott-Kartografie
z: B2 Text- und Redaktionsbüro Stuttgart / Nena Dietz
uck: Himmer AG, Augsburg
dung: »Butterfly«-Bindeverfahren zum Patent angemeldet durch
ibri Industrielle Buchbinderei GmbH 2008

nted in Germany
ses Buch wurde auf chlorfrei gebleichtem Papier gedruckt.
N 978-3-493-55714-5

Langenscheidt Mini-Dolmetscher Dänisch

Allgemeines

Guten Morgen.	God morgen. [go‿**mohrn**]
Guten Tag.	Goddag. [go**däh**]
Guten Abend.	God aften. [go‿**af**dn]
Hallo!	Hej! [haj]
Wie geht's?	Hvordan går det? [wor**dän** gohr‿de]
Danke, gut.	Tak, meget godt. [tag, **maj**ə godd]
Ich heiße …	Jeg hedder … [jaj **he**ðər]
Auf Wiedersehen!	Farvel! [far**well**]
Morgen	morgen [mohrn]
Nachmittag	eftermiddag [**ef**dərmeddä]
Abend	aften [**af**dn]
Nacht	nat [nädd]
morgen	i morgen [i‿**mohrn**]
heute	i dag [i‿**däh**]
gestern	i går [i‿**gohr**]
Sprechen Sie Deutsch / Englisch?	Taler du tysk / engelsk? [**täh**lər du tüssg / **eng**elssg]
Wie bitte?	Hvad siger du? [wä **ßih**ər du]
Ich verstehe nicht.	Det forstår jeg ikke. [de for**stohr** jaj eggə]
Würden Sie es bitte wiederholen?	Vil du godt gentage det? [will du **godd genn**täh de]
Bitte sehr!	Værsgo! [**wär**sgoh]
danke	tak [tag]
Keine Ursache.	det var så lidt [de wahr ßo **lidd**]
was / wer / welcher	hvad / hvem / hvilken [wä / wemm / **wil**kən]
wo / wohin	hvor / hvorhen [wor / wor**henn**]
wie / wie viel	hvordan / hvor meget [wor**dän** / wor‿**maj**əð]
wann / wie lange	hvornår / hvor længe [wor**nohr** / wor **läng**ə]
Wie heißt das?	Hvad hedder det? [wä **he**ðər de]
Wo ist …?	Hvor er …? [wor er]
Können Sie mir helfen?	Kan du hjælpe mig? [kä‿du **jäl**be maj]
ja	ja [jä]
nein	nej [naj]
Entschuldigen Sie.	Undskyld. [on**ßgüll**]
Das macht nichts.	Det gør ikke noget. [de **göhr** eggə **noh**·əð]

Sightseeing

Gibt es hier eine Touristeninformation?	Er der en turistinformation her? [er dər en tu**rist**-enforma**sjohn** her]
Haben Sie einen Stadtplan / ein Hotelverzeichnis?	Har du et bykort / en hotelfortegnelse? [hahr du ed **büh**kord / en ho**tell**fortajnəlßə]
Wann öffnet … / schließt …?	Hvornår åbner / lukker … [wor**nohr ohb**nər / **logg**ər]
das Museum	museet [mu**ßeh**əd]
die Kirche	kirken [**kir**gən]
das Schloß	slottet [**ßlodd**əd]
die Ausstellung	udstillingen [**uhð**ßdellingən]

Shopping

Wo kann ich … bekommen?	Hvor kan jeg få …? [wor kä‿jaj **foh**]
Wie viel kostet das?	Hvor meget koster det? [wor **maj**ə **koß**dər de]
Das gefällt mir / nicht.	Det kan jeg godt / ikke lide. [de kä‿jaj **godd** / **egg**ə lih]
Haben Sie das in einer anderen Farbe / Größe?	Har du det i en anden farve / størrelse? [hahr du **de** i en **änn**ən **fahr**uə / **störr**əlßə]
Ich nehme es.	Jeg tar det. [jaj **tahr** de]
Wo ist eine Bank?	Hvor er der en bank? [**wor** er dər en **bank**]
Ich möchte Geld wechseln.	Jeg vil gerne veksle valuta. [jaj wil **ger**nə **wegß**lə wä**lu**ddä]
Geben Sie mir 100 g Käse / zwei Kilo Tomaten, bitte.	Hundrede gram ost / to kilo tomater, tak. [**hon**rəðə gramm oßd / **tu** kilo to**mäh**dər, **tag**]
Haben Sie deutsche Zeitungen?	Har du tyske aviser? [hahr du **tüss**gə a**wih**ßə
Wo kann ich telefonieren / eine Telefonkarte kaufen?	Hvor kan jeg telefonere købe et telefonkort? [**wor** kä‿jaj telə**fo**nehrə **köh**bə ed telə**fohn**kord]

Notfälle

Ich brauche einen Arzt / Zahnarzt.	Jeg behøver en læge / tandlæge. [jaj bə**höh**uə en **läh**jə / **tänn**lähjə]
Rufen Sie bitte einen Krankenwagen / die Polizei.	Vær venlig at tilkalde en ambulance / politiet. [wär **wenn**li o **tell**kallə e ambu**lang**ßə / poli**tih**əð]